Chantal de Séréville

Dominez les tests psychotechniques

Exercices pratiques

Le Livre de Poche

ISBN : 978-2-253-08499-0

Sommaire

Introduction

Destinés à mesurer certaines aptitudes des candidats, les tests psychotechniques sont devenus au fil du temps l'un des outils les plus fréquemment utilisés par les recruteurs. En effet, ils offrent un moyen précieux pour mesurer la compréhension, l'esprit d'analyse et de synthèse, le sens de l'observation, la réactivité, et les mécanismes de pensée du candidat. La panoplie de tests proposés dans cet ouvrage comprend les nouveaux types de tests qu'un candidat pourra rencontrer lors d'une évaluation d'embauche. Son aptitude à les comprendre et à les résoudre fournira des indications précieuses au recruteur et lui permettra de dresser le profil du candidat dans le cadre de sa mission d'évaluation. Très développés dans le secteur privé, les tests psychotechniques sont également utilisés pour l'accès à la fonction publique ainsi que pour l'admission à certaines grandes écoles. Ces tests obéissent à des codes bien établis. Vous trouverez dans cet ouvrage une méthode de travail destinée à vous familiariser aux différents mécanismes de ces tests, présentés sous des formes multiples, de façon à créer chez vous des automatismes de déchiffrage et d'analyse.

L'acquisition de l'expérience des tests psychotechniques résultant de la pratique permettra au candidat de modifier de manière significative son comportement face aux tests de recrutement en général, au même titre que le sportif de haut niveau, qui doit pratiquer régulièrement pour rester au mieux de sa forme. Idéalement, le jour J, dans un contexte de candidature réelle, face à une épreuve de tests souvent angoissante, il se retrouvera en terrain de connaissance, sans pression, prêt à mettre en pratique son expérience, dans des conditions optimum pour franchir un obstacle souvent déterminant.

QUELQUES CONSEILS UTILES

Premièrement, adoptez une attitude positive face aux tests psychotechniques et vous verrez que, si vous en découvrez les mécanismes, vous finirez par vous amuser et par les prendre comme de véritables petits jeux. Chaque type de tests présentés dans ce livre résultant d'un mécanisme propre, il y a de grandes chances pour que vous les retrouviez lors de vos entretiens, présentés sous une forme moins attrayante, mais relevant de la même démarche. Pour vous faciliter la compréhension de l'approche des testeurs, vous aurez la possibilité de vous exercer à des tests variés mais répétitifs afin de vous y familiariser. Nos séries commencent avec des tests assez faciles et se terminent en général par les plus difficiles, la progression se faisant naturellement.

Deuxièmement, lisez très attentivement, voire plusieurs fois, les énoncés des questions, avant de répondre. Aucun temps n'est imparti, afin de ne pas ajouter une pression supplémentaire, mais le jour J, vous n'aurez droit qu'à un temps limité. Ce temps vous est toutefois donné ici à titre indicatif. Vous pouvez ainsi le prendre en compte lorsque vous recommencerez une deuxième fois ces tests, car il est vivement conseillé de les faire et les refaire régulièrement pour vous améliorer. Laissez toujours un bon laps de temps entre les différentes séances de travail (quelques jours). Essayez de trouver votre rythme. Ne vous attardez jamais sur une question que vous jugez très difficile, quitte à y revenir plus tard. Ne laissez jamais une question sans réponse, sachez choisir au hasard, selon votre réflexion personnelle et votre intuition, c'est mieux que de ne donner aucune réponse, vous augmenterez ainsi votre taux de réussite.

CE QU'IL FAUT SAVOIR

Les tests se présentent, pratiquement toujours, sous la forme d'une succession d'éléments présentant des caractéristiques, soit d'analogies, de symétries, de succession, de progression ou de similarités. Le but étant de deviner quelle est la particularité de chaque question de par sa présentation et de trouver parmi les réponses proposées celle qui semble la plus logique pour former une suite cohérente. Dans certains cas, on vous demande d'y trouver un intrus ou encore l'élément hétérogène dans une suite. Vous devez, après analyse des questions, découvrir les indices permettant de comprendre le mécanisme sous-jacent de la logique proposée. Il se peut que vous ayez à faire appel à une certaine imagination créatrice, mais dans la majorité des cas il s'agit de logique. Pour choisir la bonne réponse, il faut savoir procéder par élimination des réponses absurdes, contradictoires, voire fausses.

Les tests de lettres, ainsi que de mots répondent à une logique alphabétique et numérique en même temps et font souvent appel à la connaissance de la grammaire. Temps imparti : 10 minutes.

Les tests de chiffres. Lorsqu'il s'agit de successions, ils sont régis par des critères de progression arithmétiques. Que ce soient des progressions directes ou celles ou l'on saute des chiffres de deux en deux ou de trois en trois, etc. Ces tests font appel à vos connaissances arithmétiques – additions, soustractions, multiplications – et à votre aptitude au calcul mental. Ils se font sans calculette, mentalement, et, si vous souhaitez vous exercer avec un temps imparti, comptez 10 minutes.

Les tests de série. Il faut trouver parmi des propositions une figure qui suit logiquement une série. Il s'agit en général de rotations de figures, de juxtapositions ou encore d'oppositions. Cela fait appel à un certain sens de l'observation, à la déduction et à la logique. Temps imparti : 10 minutes.

Les tests de matrices. Vous devez à partir d'une matrice en retrouver un extrait parmi quelques propositions. Ce test fait appel à votre sens de l'observation, à la logique et à la déduction. Temps imparti : 10 minutes.

Les séquences. Il s'agit d'essayer de raccorder une séquence à l'une des propositions présentées. N'essayez pas de trouver un rapport entre les différentes questions, regardez-les avec un œil nouveau et fiez-vous à votre intuition, si la logique ne vous paraît pas évidente. Cela fait appel à un certain sens de l'observation, à la déduction et à la logique. Temps imparti : 10 minutes.

Les tests d'observation. Ils font bien évidemment appel à votre sens de l'observation ainsi qu'à la mémoire. On vous présente plusieurs figures ou dessins, dont deux sont identiques. Ils peuvent être également semblables mais tournés dans un certain sens, ou inversés, etc. Temps imparti : 10 minutes.

Les analogies. Vous devez trouver des différences entre deux figures, et choisir parmi une série de propositions quelle est celle qui, selon la même logique, doit se combiner avec une autre figure. Cela fait appel à un certain sens de l'observation et à la logique. Temps imparti : 10 minutes.

Les sudokus. Ce test, basé sur des chiffres à placer en ligne et colonne sans qu'il y ait jamais de doublon, ni horizontalement ni verticalement, fait appel à une énorme concentration, à la logique et à l'attention. Temps imparti : 10 minutes par sudoku.

Les carrés logiques. Ils sont présentés sous forme de grilles comportant des chiffres, symboles ou lettres qui, une fois éliminés par des indications latérales, vous amènent à trouver un nombre, une séquence de symboles, ou encore une série de lettres. Il s'agit d'un système proche de celui du jeu de Mastermind. Temps imparti : 5 minutes par carré logique.

Les décryptages. Une série de figures vous est présentée, régie selon un certain code que vous devez trouver. Au-dessous vous est proposé un choix de figures qui doivent logiquement remplacer une case vide. Un texte peut vous être présenté, codé selon certains critères que vous devez découvrir grâce à la logique et à vos connaissances en matière grammaticale. Temps imparti : 5 minutes par question.

Les tests de compréhension verbale. Il s'agit plus de réflexion et de connaissance de la langue française. Temps imparti : 10 minutes par test.

Les tests de cartes à jouer et de dominos. Il s'agit généralement de trouver la carte ou le domino manquant. Certains trucs, tels que calculer la somme des cartes ou dominos verticalement ou horizontalement, vous aideront à repérer les enchaînements, les symétries, qui répondent à une logique arithmétique, géométrique ou spatiale, et à vous souvenir qu'une carte ou un domino peut représenter la somme ou la différence entre deux cartes ou deux dominos qui les entourent, etc. Ces tests servent à analyser et à mesurer votre aptitude à prendre des décisions. Temps imparti : 10 minutes par test.

Chapitre 1

Tests d'évaluation

N° 1

Quels mots de la colonne de droite devez-vous mettre en gras ?

autorité	lien
compétent	rapport
relation	famille
pouvoir	parenté
catégorique	affection

N° 2

Quel nombre doit remplacer le **?**

N° 3

Quelle figure, A, B, C, D, E ou F, doit remplacer le **?**

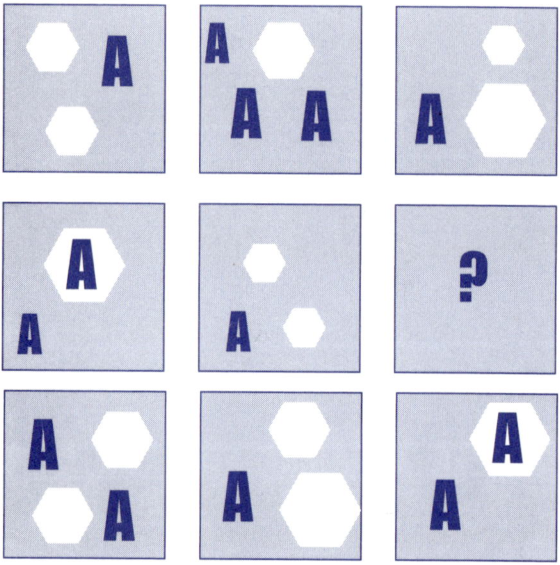

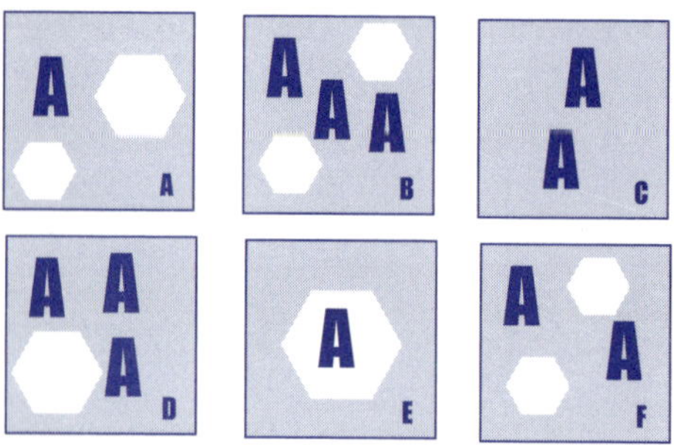

N° 4

Quelle figure A, B, C ou D est un extrait de la grande ?

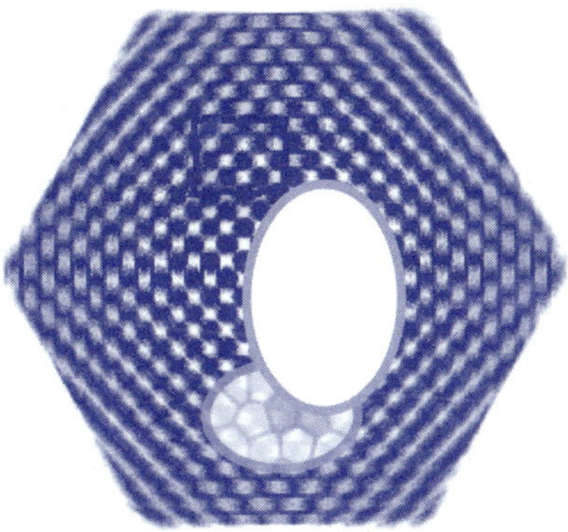

A

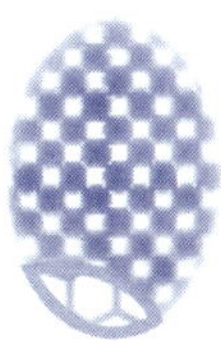

B

C

D

N° 5

Quelle figure, A, B, C ou D, doit continuer logiquement cette séquence ?

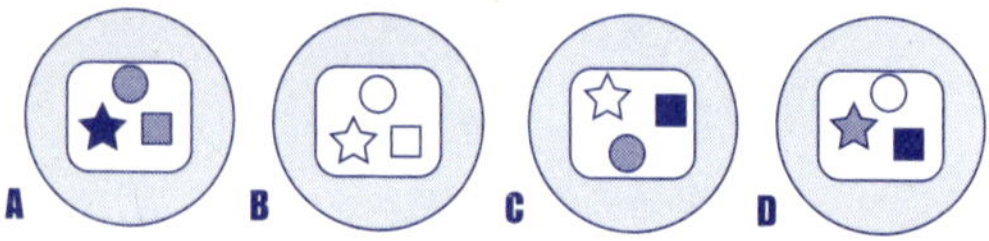

N° 6

Quelle figure, A, B, C ou D, correspond au cube déplié ci-dessous ?

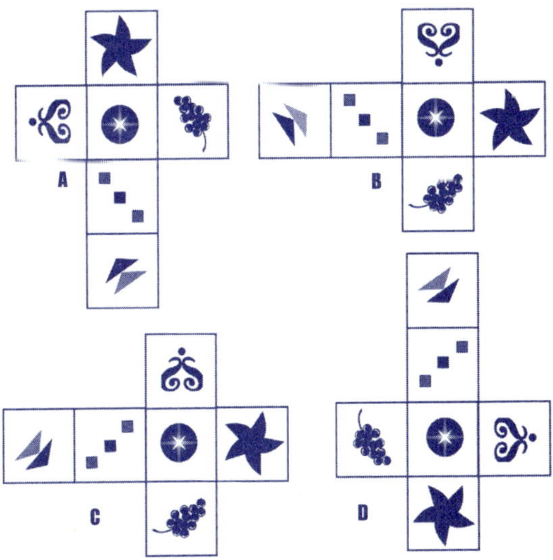

N° 7

Quelle figure, A, B, C ou D, doit remplacer le **?**

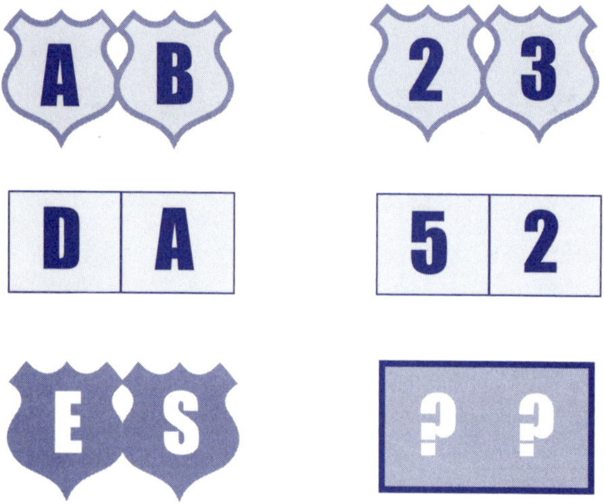

A

B

C

D

N° 8

Complétez la grille avec les lettres A, B, C, D de façon à ce qu'elles n'apparaissent qu'une seule fois dans chaque rangée, chaque colonne et chaque carré de cases.

A B C D

C			A
		B	
	A		D

N° 9

Quelles lettres faut-il placer en bas de la grille sachant que les chiffres situés à l'extérieur de la grille représentent :
À GAUCHE le nombre de lettres qui, dans cette rangée, font partie du mot final ;
À DROITE le nombre de lettres qui se trouvent à leur bonne place ?

3	O	B	Z	U	V	2
2	S	A	R	V	U	2
4	R	B	U	V	E	3
3	O	E	R	Z	Q	2
3	Z	B	Q	V	E	2

N° 10

Quelle suite de lettres A, B, C ou D, remplace les **?**

F	T	S
F	K	X
A	X	T
F	S	X
?	?	?

A | O | F | T |

B | A | K | T |

C | A | T | K |

D | F | O | K |

N° 11

Dans cette liste, quel est le mot dont le sens est différent de celui situé au-dessus :

ADJURER

CONJURER - IMPLORER - ÉVOQUER - PRIER

N° 12

Quelle carte doit logiquement remplacer celle qui est retournée ?

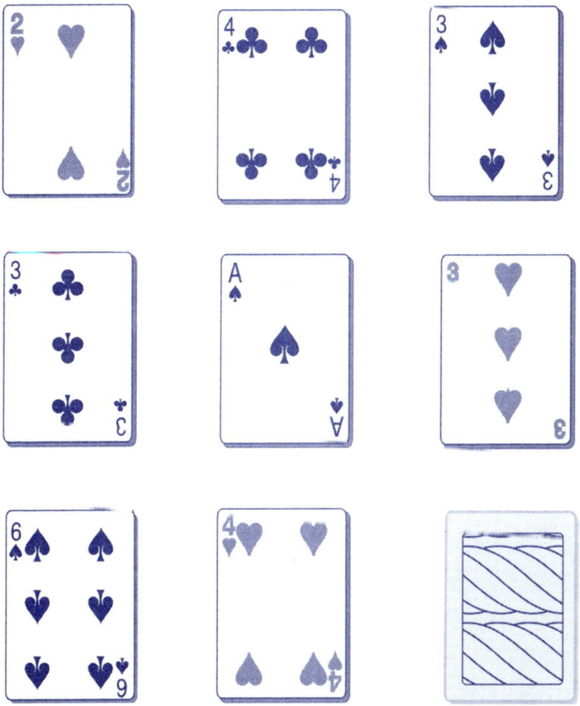

N° 13

Quel domino doit remplacer le domino vierge ?

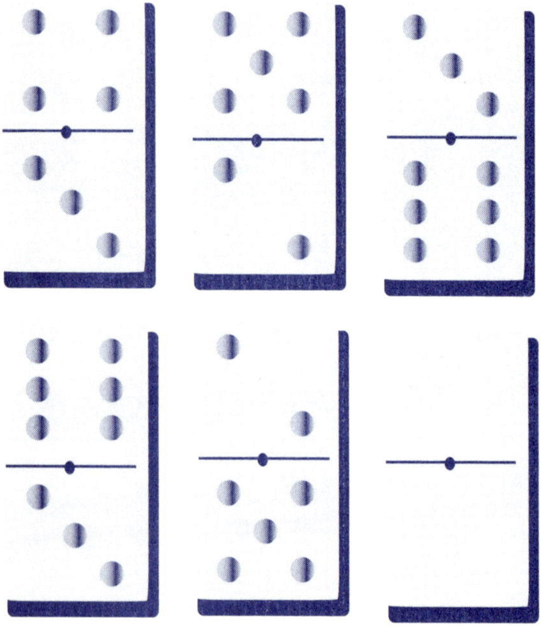

Solutions des tests d'évaluation

Test n° 1 : famille - parenté (lien logique).

Test n° 2 : 27. Somme des chiffres dans les étoiles augmentée du nombre de côtés de la figure centrale.

Test n° 3 : F. Il y a autant d'hexagones que de A dans chaque alignement vertical et horizontal. 5 de chaque.

Test n° 4 :

C 

Test n° 5 : C. Les figures se déplacent dans le rectangle et changent de couleur ; chacune n'apparaît pas plus de deux fois de la même couleur.

Test n° 6 : D.

Test n° 7 : C. Les chiffres représentent la place que les lettres en vis-à-vis occupent dans l'alphabet + 1.

Test n° 8 :

C	B	D	A
A	D	B	C
D	C	A	B
B	A	C	D

Test n° 9 : O B R V E

Test n° 10 : B. 1re lettre = couleur extérieure ; 2e lettre = figure extérieure ; 3e lettre = figure intérieure.

Test n° 11 : Évoquer.

Test n° 12 : 

Chaque carte de la rangée du bas a pour valeur le produit des 2 cartes situées au-dessus sur la même colonne. Sur chaque rangée et dans chaque colonne on a toujours les 3 couleurs : pique, cœur et trèfle.

Test n° 13 : 

Chaque domino du haut se retrouve en bas mais inversé.

RÉSULTATS

Comptez 10 points par réponse exacte. Faites le total de vos points pour l'ensemble des tests et reportez-vous au tableau ci-contre.

De 10 à 50 points : NIVEAU FAIBLE

Vous avez de vraies faiblesses, c'est évident. Si vous êtes meilleur dans une catégorie que dans une autre, essayez de vous améliorer dans celle-ci, et entraînez-vous sérieusement dans les disciplines où vous êtes le plus faible afin de combler vos lacunes. Il faut vous améliorer sérieusement si vous voulez vous présenter à des tests de recrutement.

De 60 à 100 points : BON NIVEAU

Vous avez soit de l'entraînement soit des facilités pour ce type de test. C'est extrêmement encourageant car, avec de l'expérience, vous pourrez vite passer parmi les meilleurs. Efforcez-vous de bien travailler sur les mécanismes des tests. Exercez-vous surtout là où vous vous sentez le plus fragile, prenez bien note de vos points faibles pour vous améliorer rapidement.

Plus de 100 points : TRÈS BON NIVEAU

Bravo ! Vous avez réussi ces tests qui n'étaient pas faciles et couvraient une grande diversité de questions. Vous pouvez tranquillement rester dans cette catégorie, et même vous perfectionner si vous pratiquez régulièrement des tests d'entraînement. Exercez-vous surtout dans les secteurs où vous vous sentez le plus faible et vous aurez de bonnes chances de vous assurer un bon classement lors d'un test de recrutement.

Chapitre 2

Tests d'entraînement

N° 1

Remplacer les 2 points d'interrogation afin de former 2 mots ayant un sens proche.

N° 2

Quel mot complète la série ?

VANET

DRAIS MOTETA

A LACHET B RACOTTE C RISOP

N° 3

Quel est le mot intrus ?

A **rasoir - couteau - ciseaux - aiguille - fleuret**

B **rose - iris - cerise - violette - orange**

C **abeille - merveille - allure - brillant - maldonne**

D **liberté - égalité - fraternité - maternité - supériorité**

N° 4

Quel est le mot intrus ?

A ratifier - répertoire - élève - raisonner - entretien

B Bernard - Flavie - Denis - Étienne - Florent - Gilbert

C lavoir - savoir - grattoir - histoire - promouvoir

D samedi - dimanche - chemin - minerve - vérité - travail

N° 5

Quel est le mot intrus ?

FIXE

POSE

FACE

LASSE

TORD

N° 6

Quelles lettres remplacent les **?**

DBAC	ZXWY	PNMO	?HG?

N° 7

Quelle lettres remplacent les étoiles, les hexagones et les cercles pour former 5 mots ?

N° 8

Complétez ces suites de lettres.

A G D I F K H M J O ? ?

B B D G I L N Q S V ? ?

C C 3 EE 5 GGG 7 I 9 KK 11 ?

N° 9

Quelles sont les 2 lettres qui remplacent les **?** pour former 4 mots ?

N° 10

Quel nombre doit remplacer le **?**

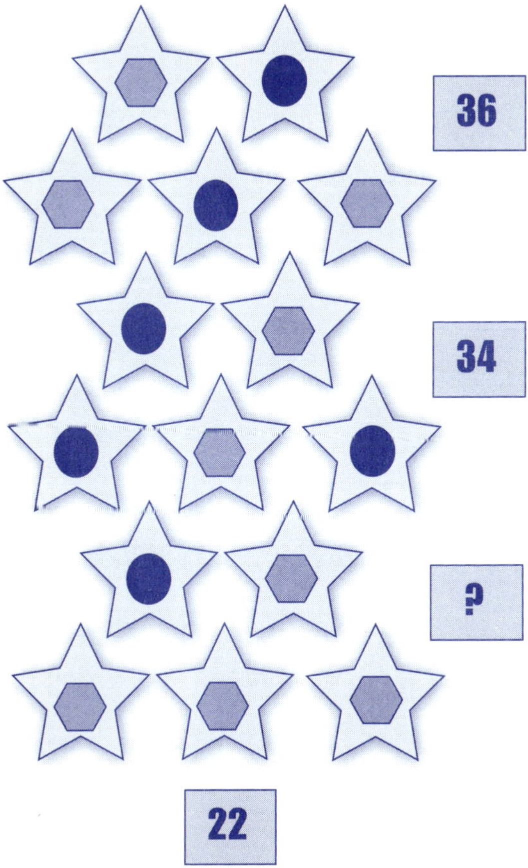

N° 11

Quel nombre doit remplacer le **?**

N° 12

Quel nombre doit remplacer le **?**

N° 13

Quel chiffre remplace le **?**

N° 14

Quel nombre doit remplacer le **?**

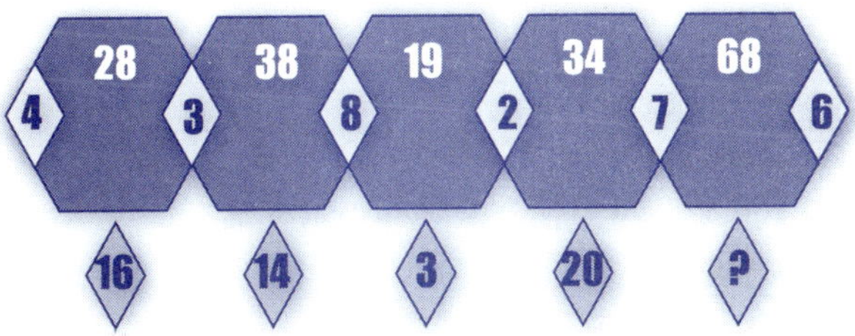

N° 15

Quel nombre doit remplacer le **?**

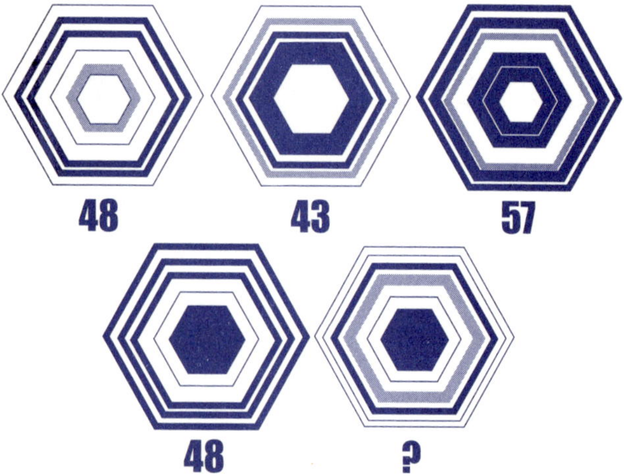

N° 16

Quels chiffres remplacent les **?**

8	6	4	8
6	3	0	5

4	3	2	8
6	2	4	4

5	1	5	3
7	3	5	5

7	4	2	6
9	?	?	9

N° 17

Quels chiffres remplacent les **?**

5	6	7		
1	2	3	1	2
4	3	2		

4	5	6		
1	2	3	1	1
3	2	2		

8	7	6		
4	3	2	3	3
4	1	1		

6	9	4		
1	7	5	?	?
5	0	9		

N° 18

Quelle est la valeur de la grille D sachant que les ronds noirs remplacent des chiffres de 1 à 7 (situés toujours à la même place dans chaque grille). Le total des points horizontaux cachés par les ronds se trouve à droite de chaque rangée, et la valeur totale de l'ensemble des points de chaque colonne est donnée en bas.

A

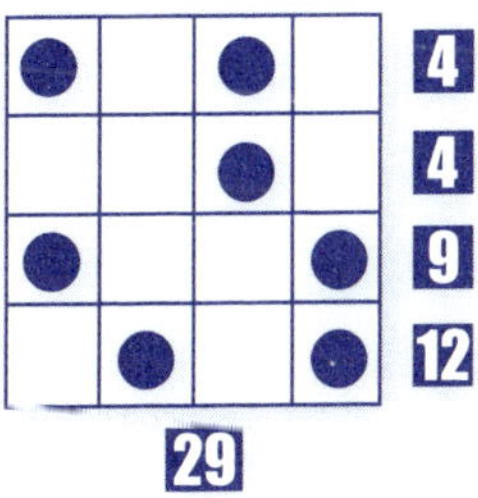

B

C

D

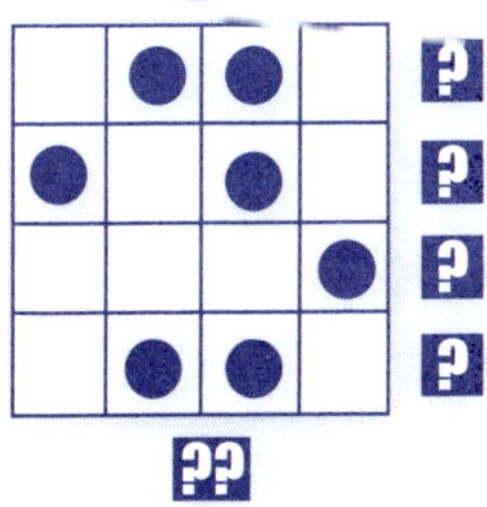

N° 19

Quelle figure, A, B ou C ou D, doit remplacer logiquement le **?**

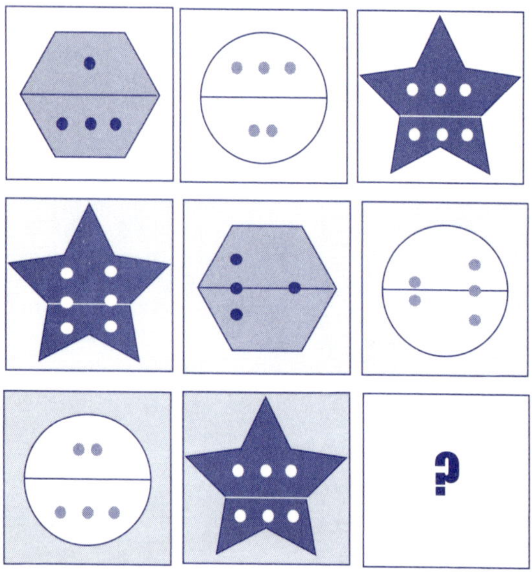

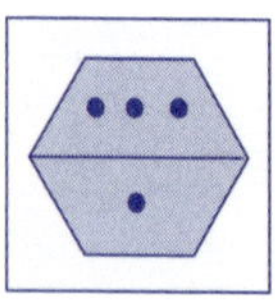

A

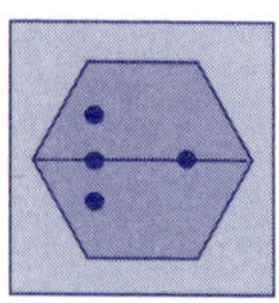

B

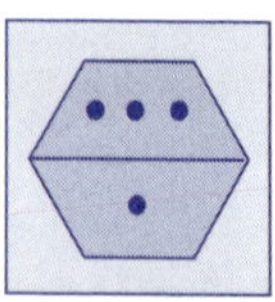

C

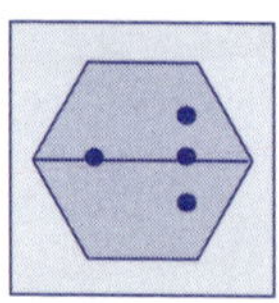

D

N° 20

Quelle figure, A, B, C ou D, doit remplacer logiquement le **?**

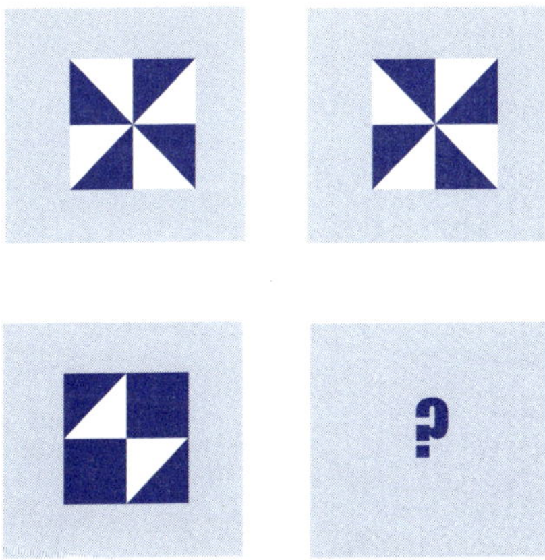

A

B

C

D

N° 21

Quelle figure, A, B ou C, doit remplacer logiquement le **?**

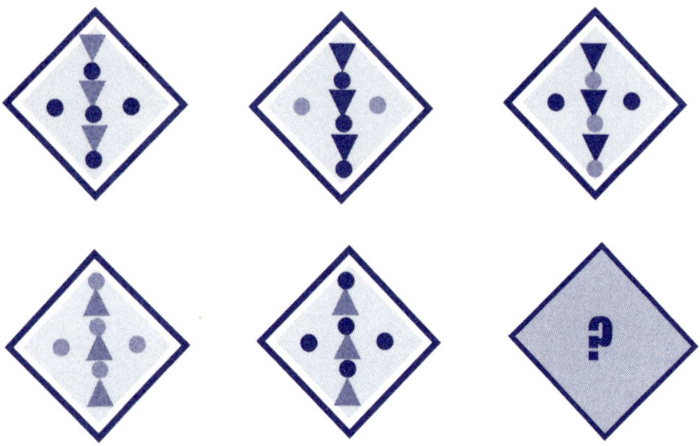

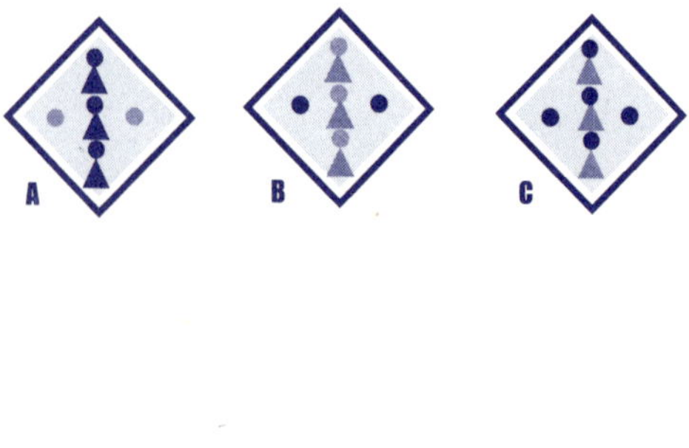

A B C

N° 22

Quelle figure, A, B, C ou D, doit remplacer logiquement le **?**

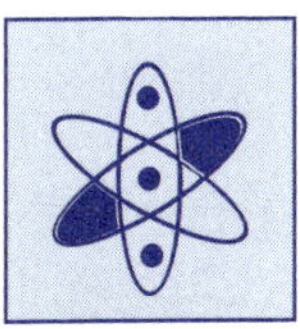

A

B

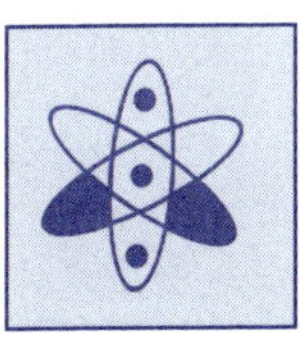

C

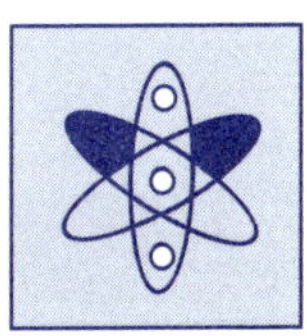

D

N° 23

Quelle figure A, B, C ou D, doit remplacer logiquement le **?**

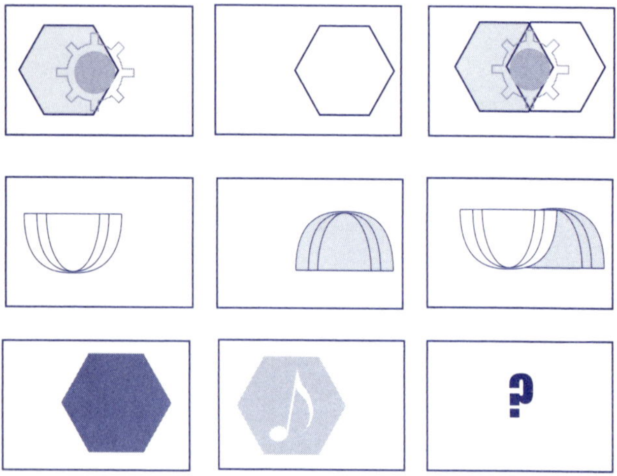

A

B

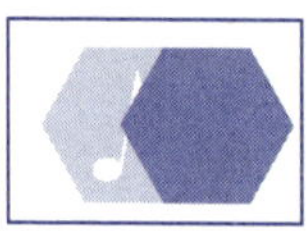

C

D

N° 24

Quelle figure, A, B, C ou D, doit remplacer le **?**

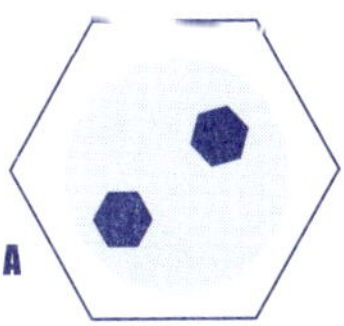
A

B

C

D

N° 25

Quelle figure, A, B, C ou D, doit remplacer logiquement le **?**

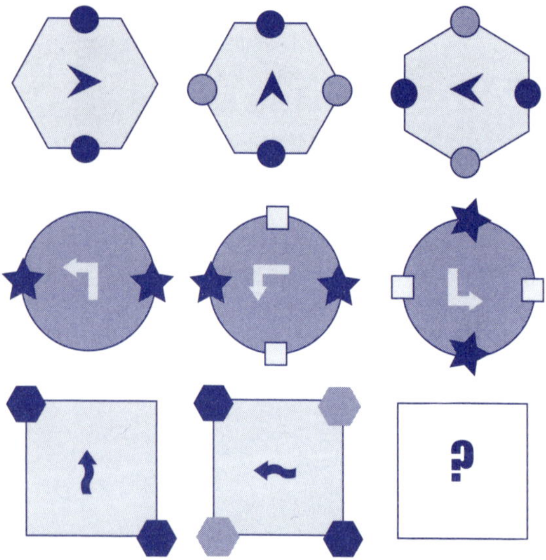

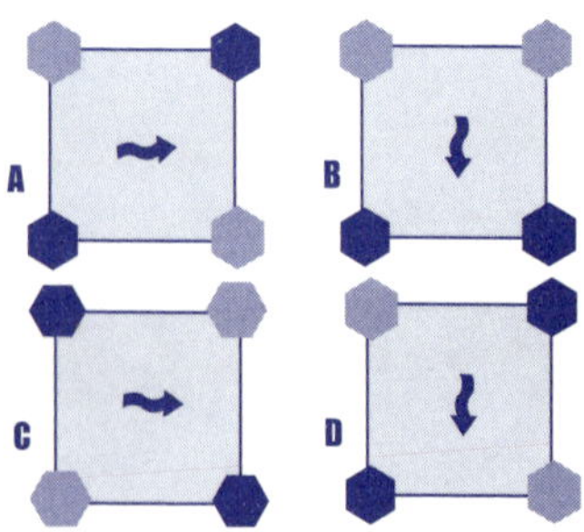

N° 26

Quelle figure, A, B ou C ou D, doit remplacer logiquement le **?**

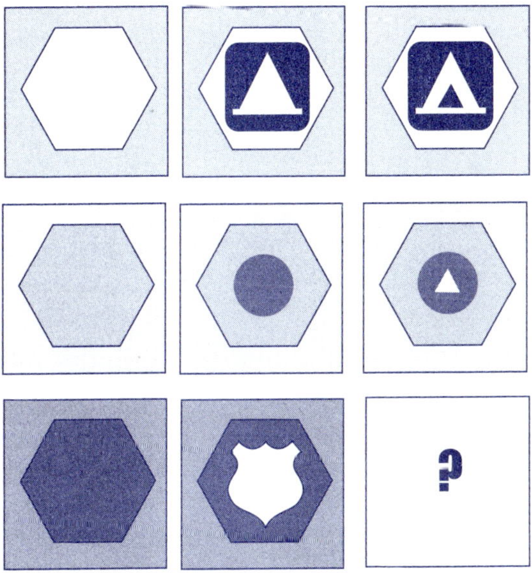

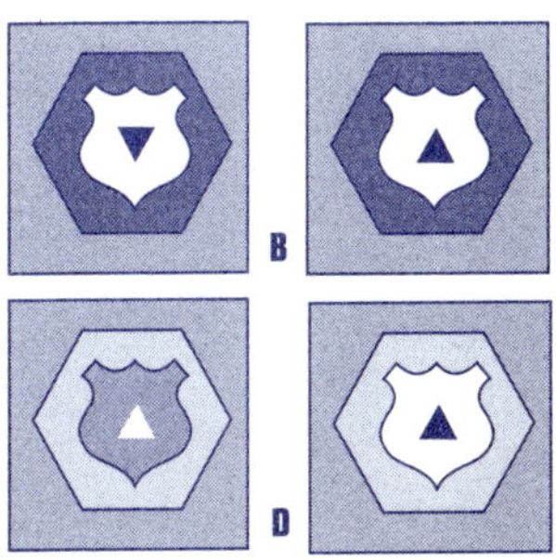

A B C D

N° 27

Quelle figure, A, B, C, D, E ou F, doit remplacer le **?**

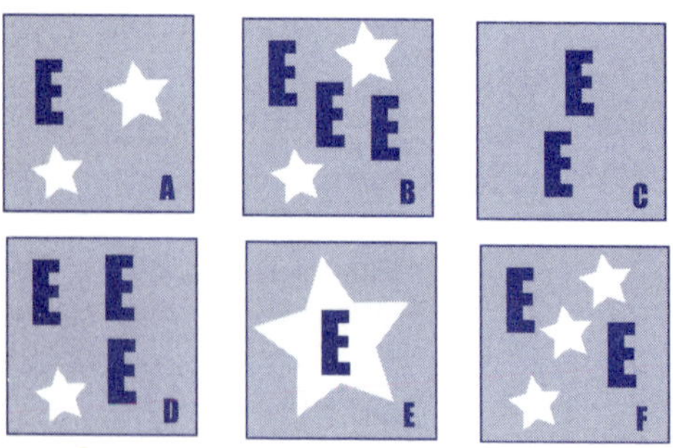

N° 28

Quelle figure, A, B, C ou D, est un extrait de la grande ?

A

B

C

D

N° 29

Quelle figure, A, B, C ou D, est un extrait de la grande ?

A

B

C

D

N° 30

Quelle figure, A, B, C ou D, est un extrait de la grande ?

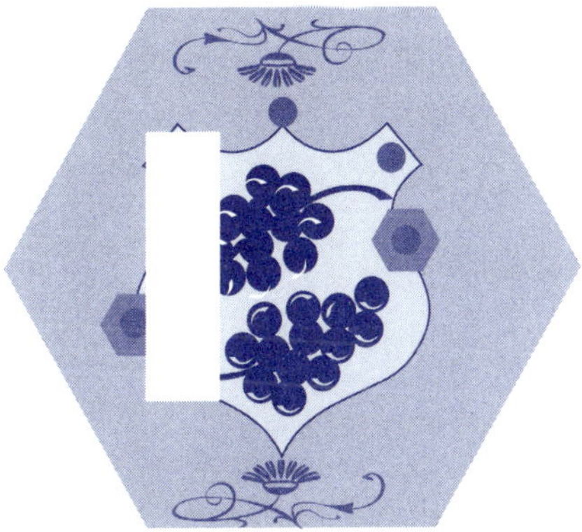

A

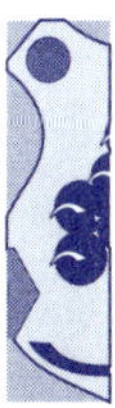

B

C

D

N° 31

Quelle figure, A, B, C ou D, est un extrait de la grande ?

A 

B 

C 

D 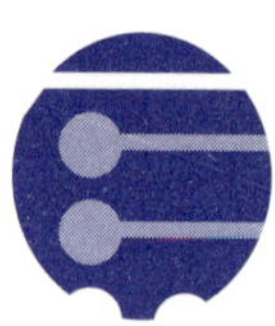

N° 32

Quelle figure, A, B, C ou D, est un extrait de la grande ?

A 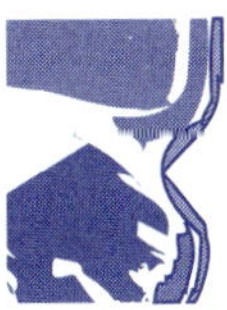

B 

C 

D 

N° 33

Quelle figure, A, B, C ou D, est un extrait de la grande ?

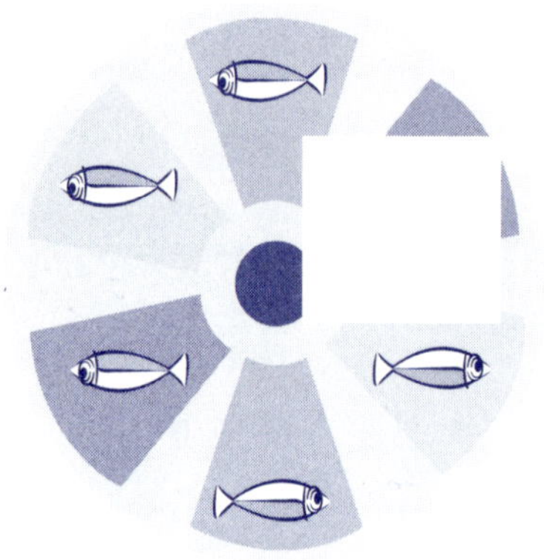

A

B

C

D

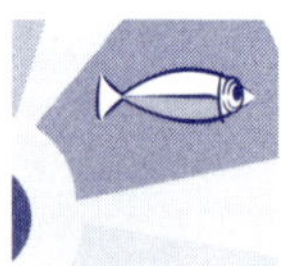

N° 34

Quelle figure, A, B, C ou D, est un extrait de la grande ?

A

B

C

D

N° 35

Quelle figure, A, B, C ou D, est un extrait de la grande ?

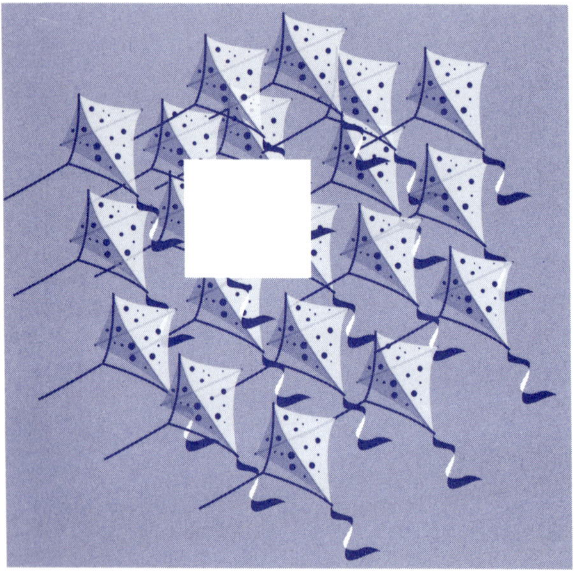

A

B

C

D

N° 36

Quelle figure, A, B, C ou D, est un extrait de la grande ?

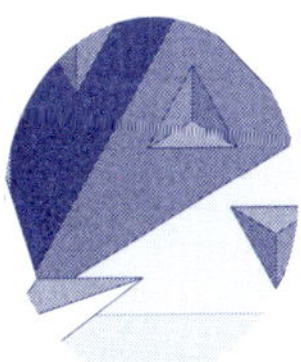

A

B

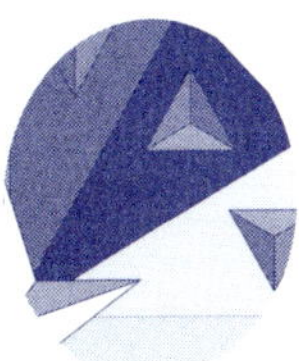

C

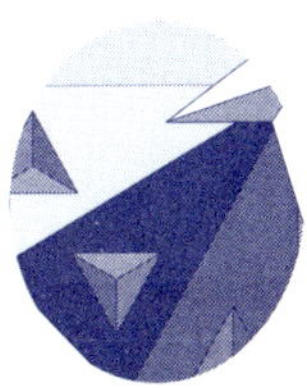

D

N° 37

Quelle figure, A, B ou C, doit logiquement continuer cette séquence ?

A

B

C

N° 38

Quelle figure, A, B ou C, doit logiquement continuer cette séquence ?

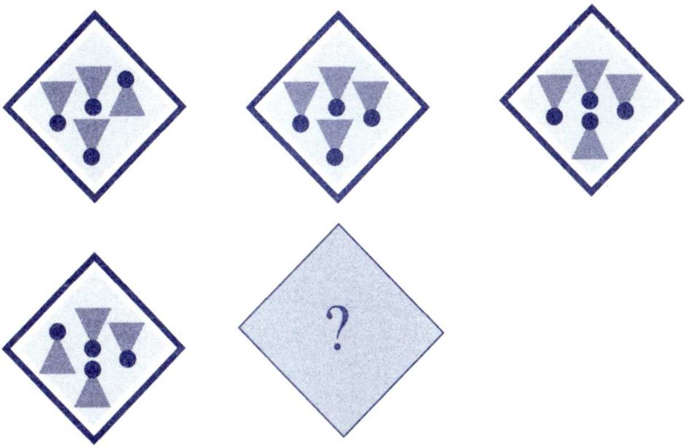

A

B

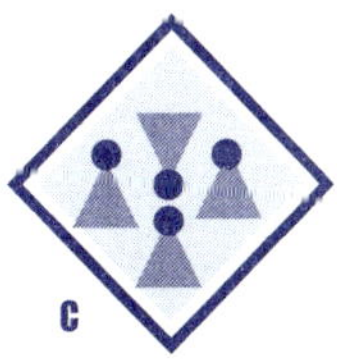

C

N° 39

Quelle figure, A, B, C ou D, doit logiquement continuer cette séquence ?

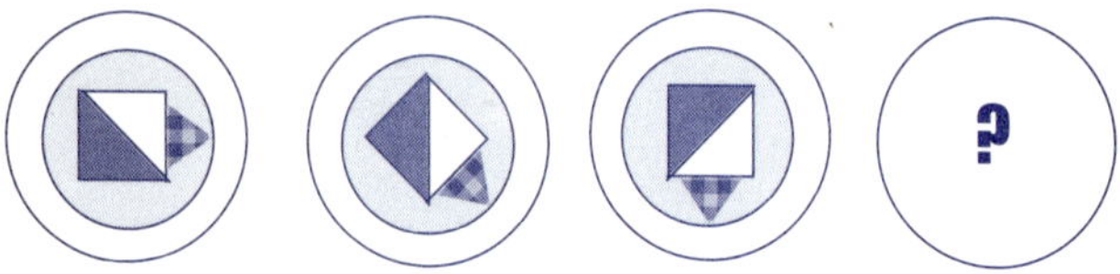

A 

B 

C 

D 

N° 40

Quelle figure, A, B, C ou D, doit logiquement continuer cette séquence ?

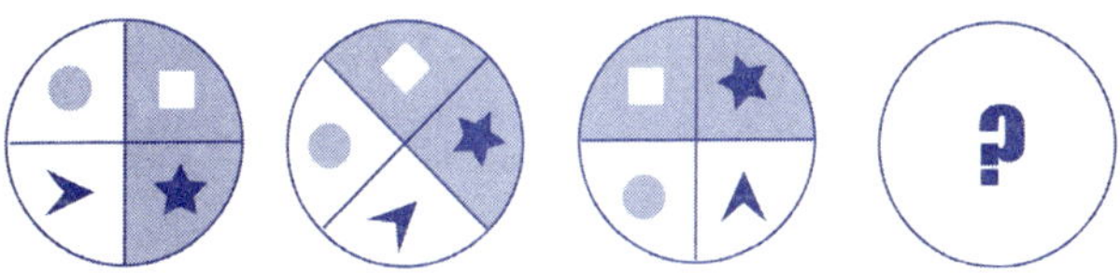

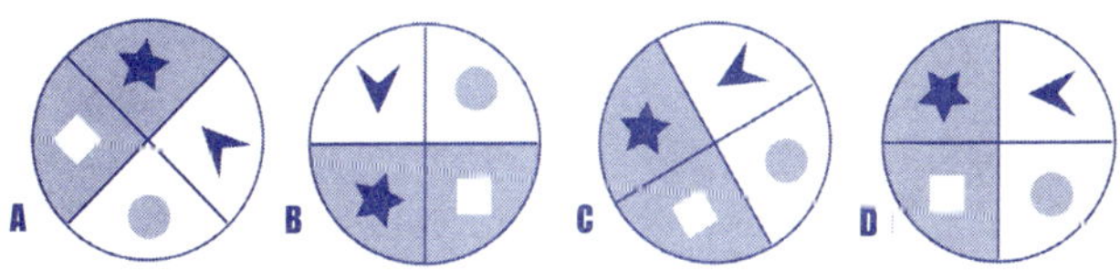

N° 41

Quelle figure, A, B, C ou D, doit logiquement continuer cette séquence ?

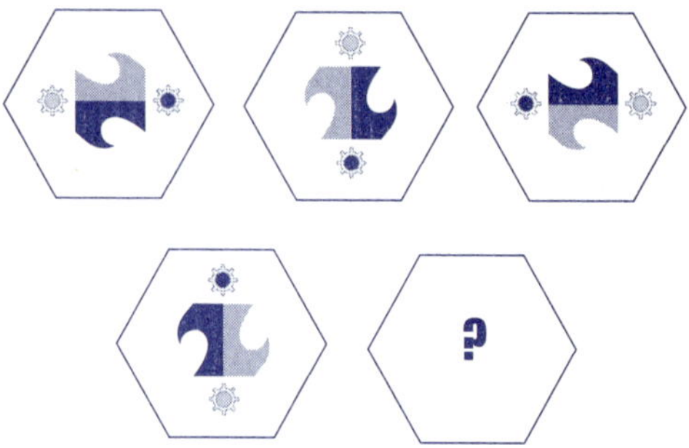

A

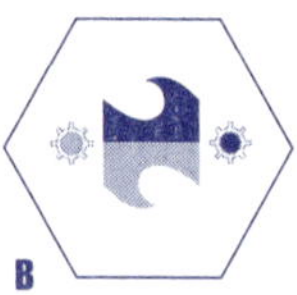

B

C

D

N° 42

Quelle figure, A, B, C ou D, doit logiquement continuer cette séquence ?

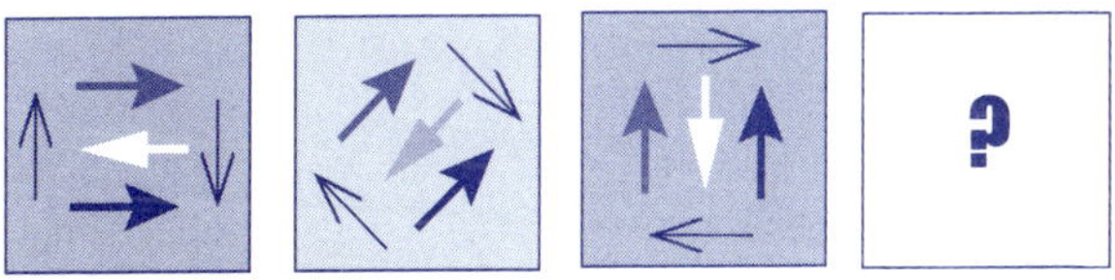

A 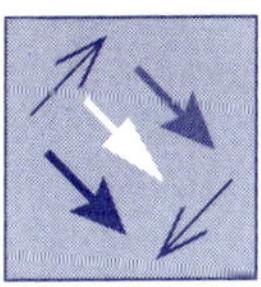
B 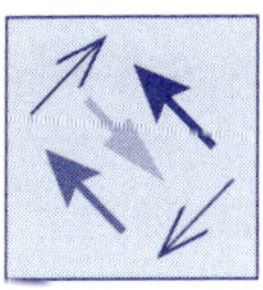
C 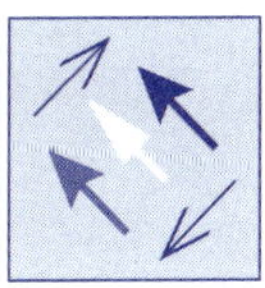
D 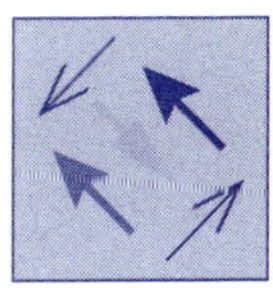

N° 43

Quelle figure, A, B, C ou D, doit logiquement continuer cette séquence ?

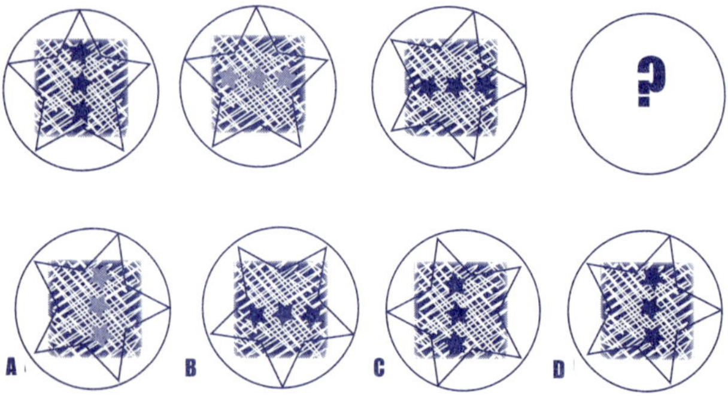

N° 44

Quelle figure, A, B, C ou D, doit logiquement continuer cette séquence ?

A 

B 

C 

D 

N° 45

Quelle figure, A, B, C ou D, doit logiquement continuer cette séquence ?

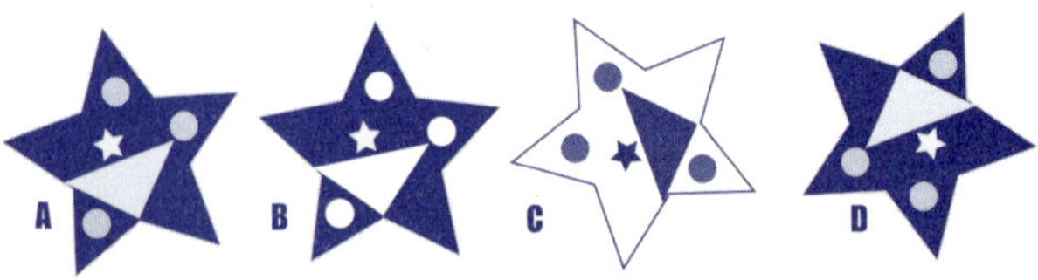

N° 46

Deux figures sont identiques, lesquelles ?

A

B

C

D

E

N° 47

Deux figures sont identiques, lesquelles ?

A

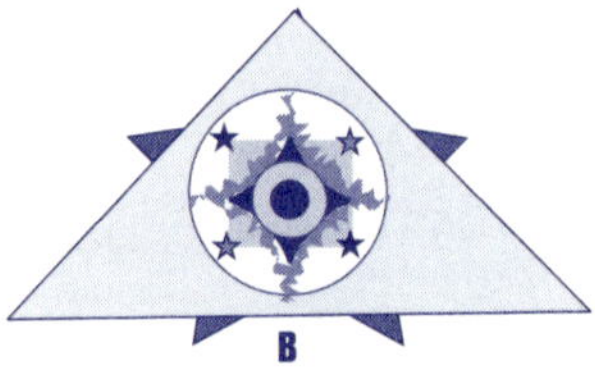

B

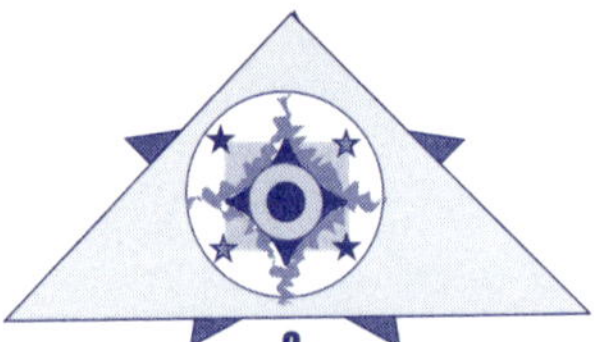

C

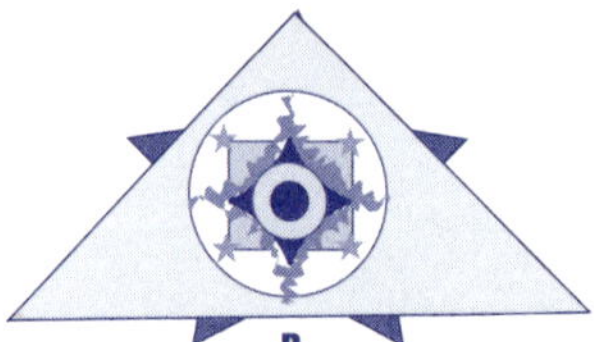

D

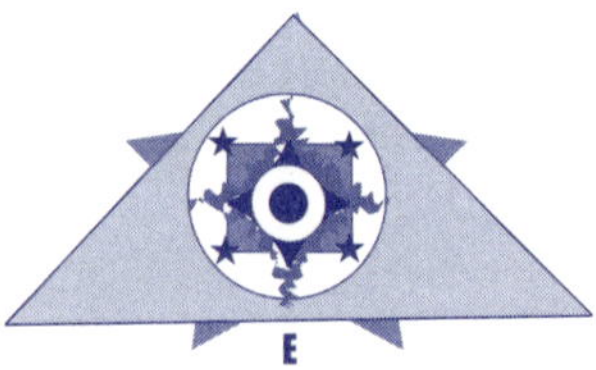

E

N° 48

Deux figures sont identiques : lesquelles ?

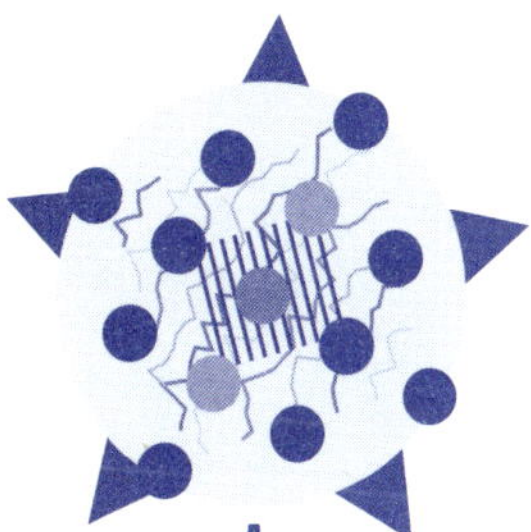

A

B

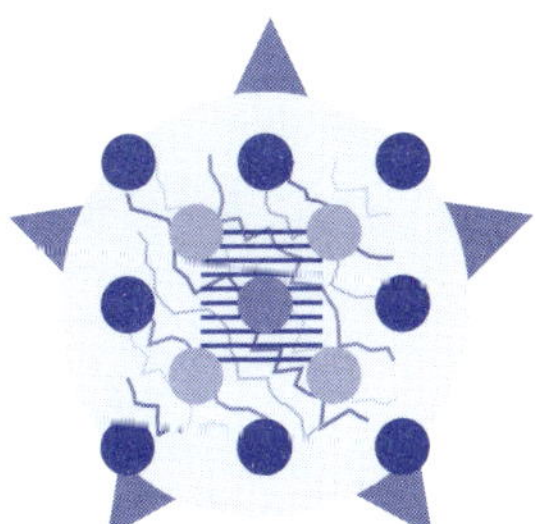

C

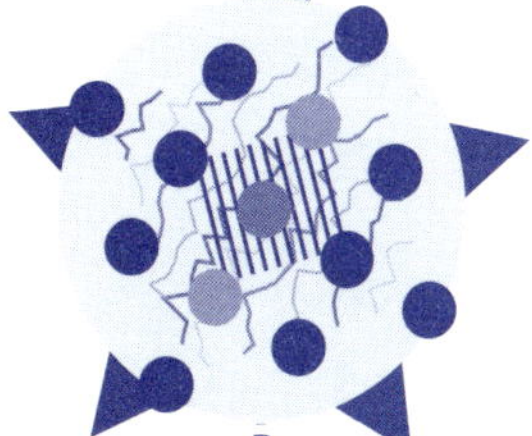

D

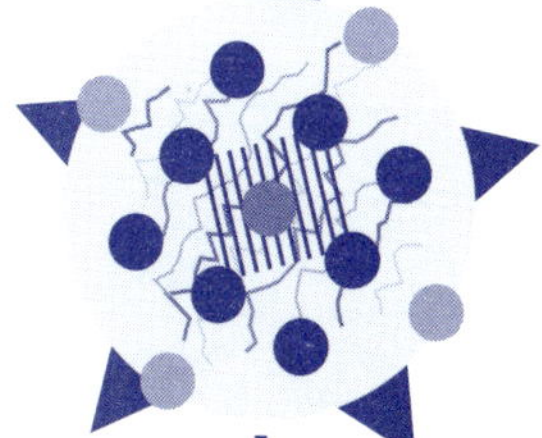

E

N° 49

Quelle figure, A, B, C ou D, ne correspond pas au cube déplié ci-dessous ?

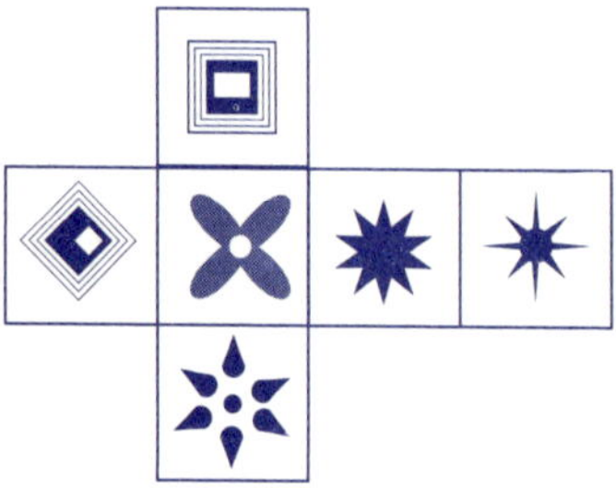

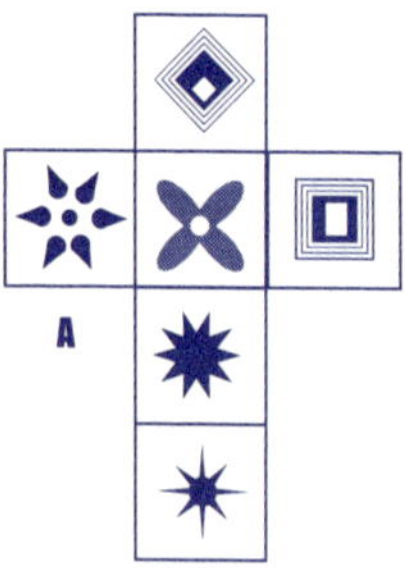

A

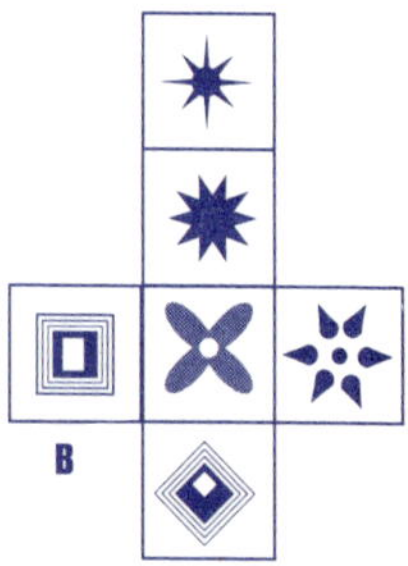

B

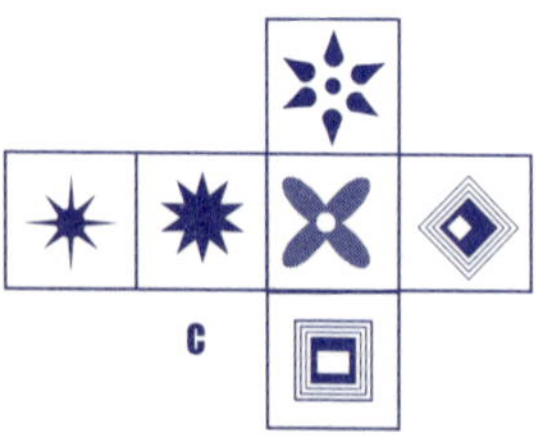

C

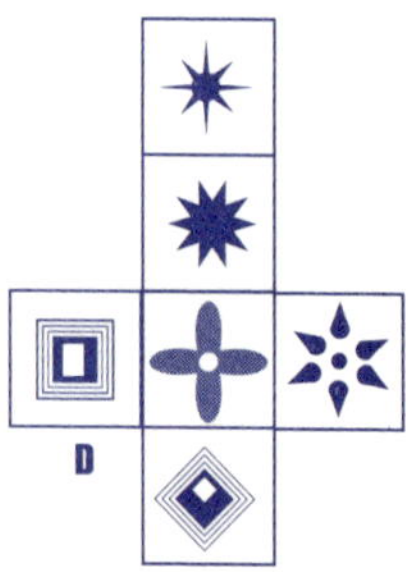

D

N° 50

Pouvez-vous retrouver, dans les étoiles déformées par un miroir en bas, quel est son original en haut ?

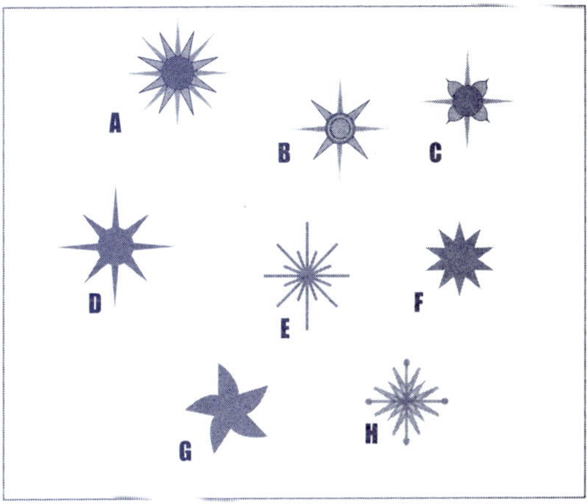

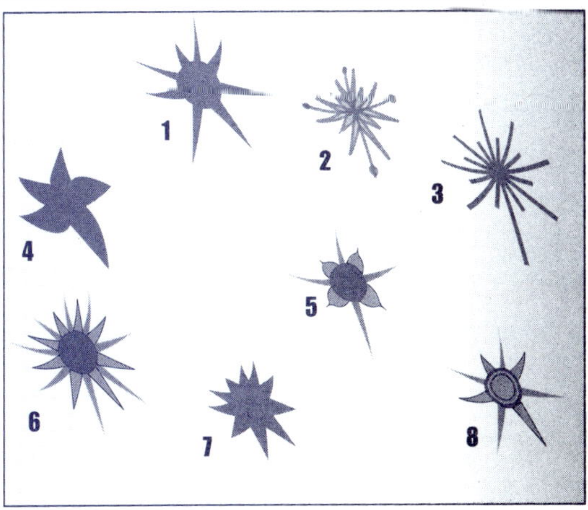

N° 51

Quelle figure, A, B, C ou D, est le reflet dans l'eau de la figure du haut ?

A

B

C

D

N° 52

Quelle figure, A, B, C ou D, est identique à celle du haut, mais tournée de 90° dans le sens inverse des aiguilles d'une montre ?

A

B

C

D

N° 53

Quelle figure, A, B, C ou D, ne correspond pas au cube déplié ci-dessous ?

A

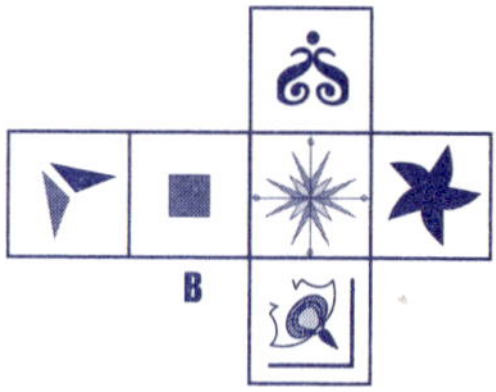

B

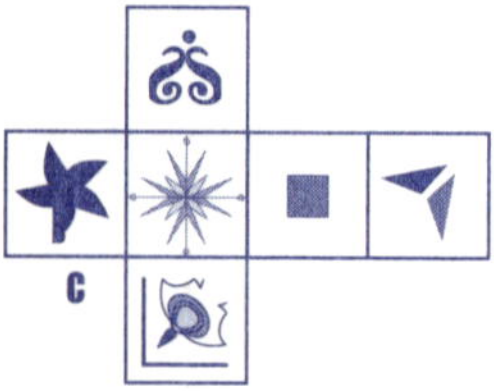

C

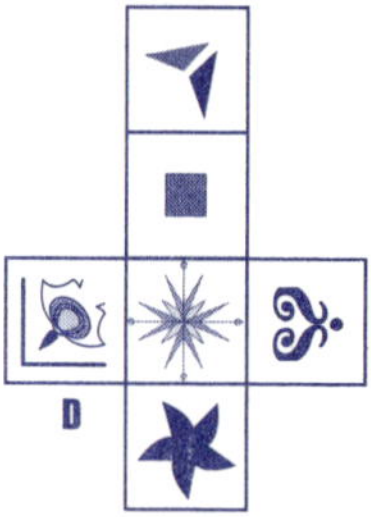

D

N° 54

Quelle figure est le reflet dans l'eau de celle du haut ?

A

B

C

D

N° 55

Quelle figure, A, B, C ou D, remplace celle avec le **?**

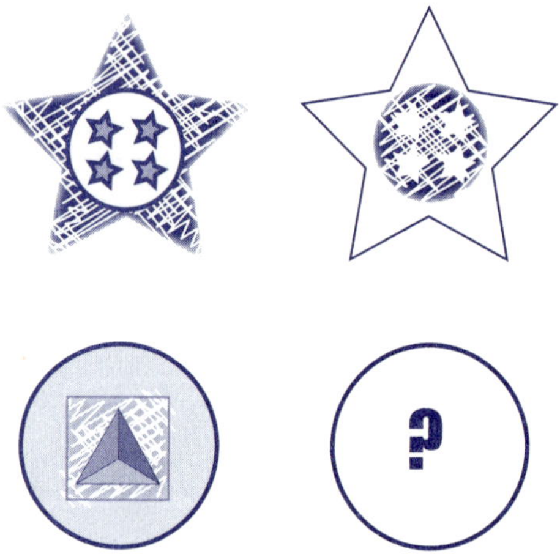

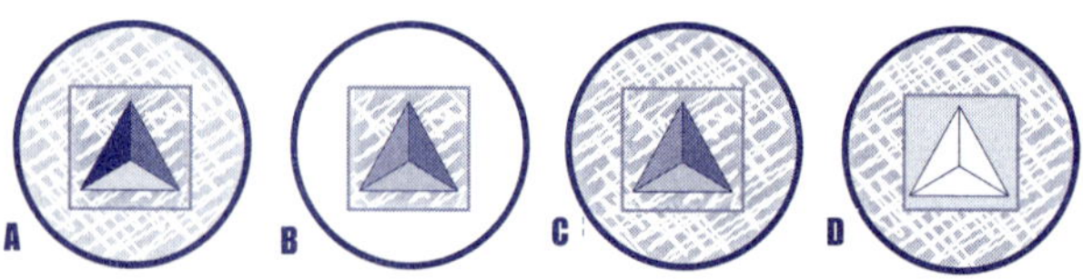

N° 56

Quelle figure, A, B, C ou D, doit remplacer le **?**

A

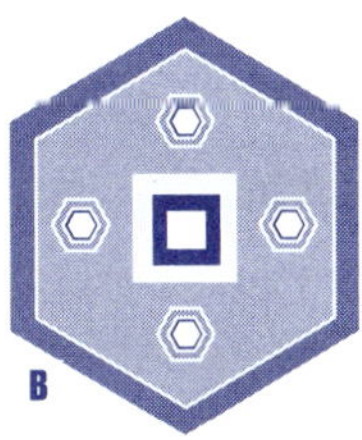
B

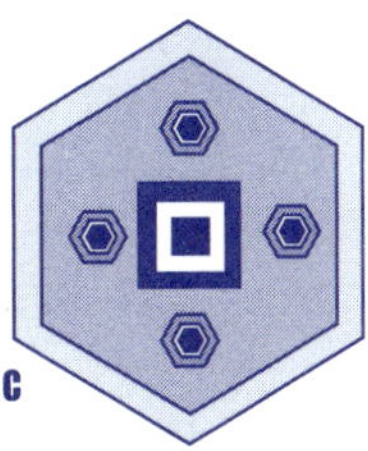
C

D

N° 57

Quelle figure, A, B, C ou D, doit remplacer le **?**

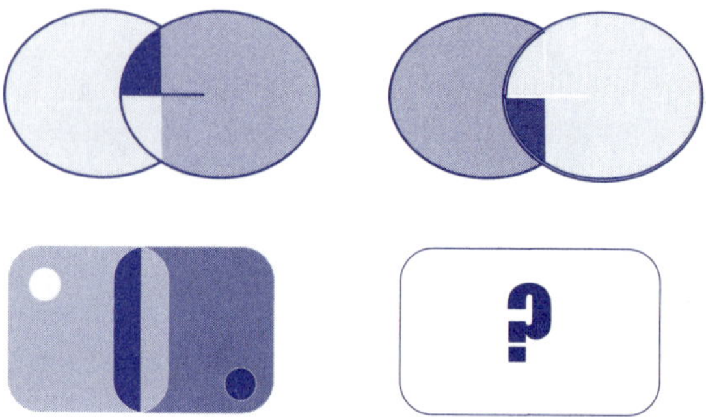

A

B

C

D

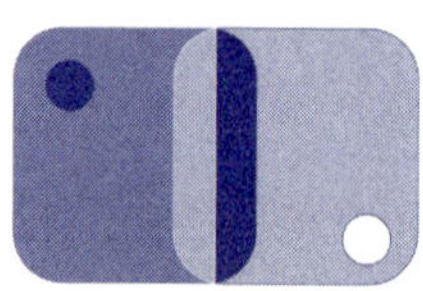

N° 58

Quelle figure, A, B, C ou D, doit remplacer le **?**

A

B

C

D

N° 59

Quelle figure, A, B, C ou D, doit remplacer le **?**

A

B

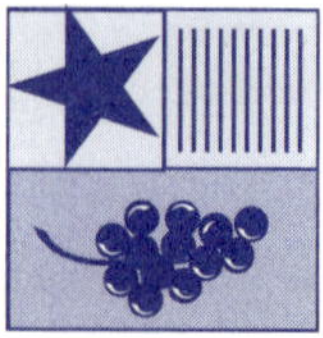

C

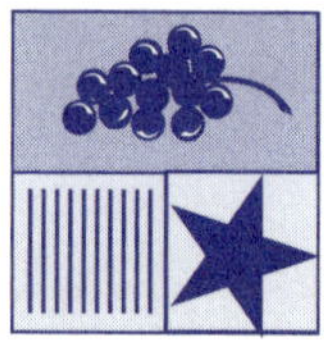

D

N° 60

Quelle figure, A, B, C ou D, doit remplacer le **?**

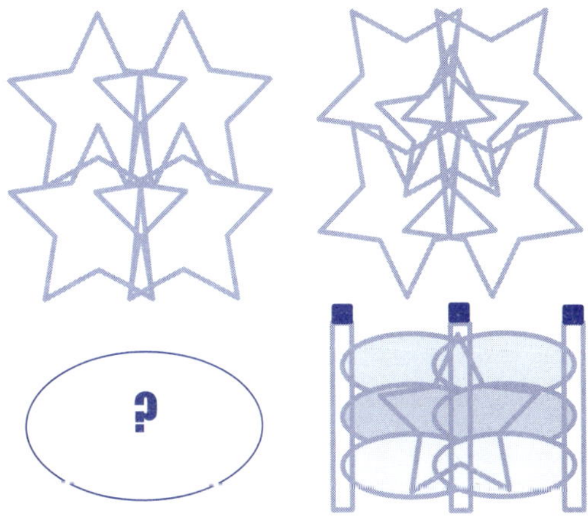

A
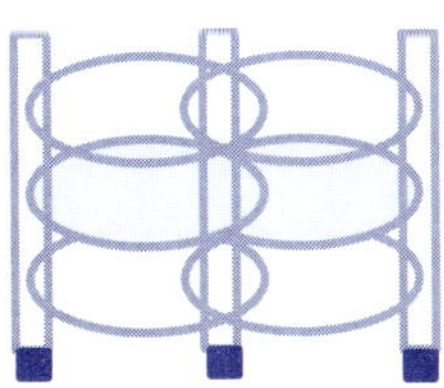

B
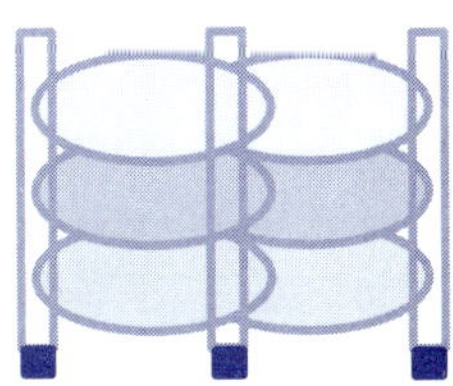

C
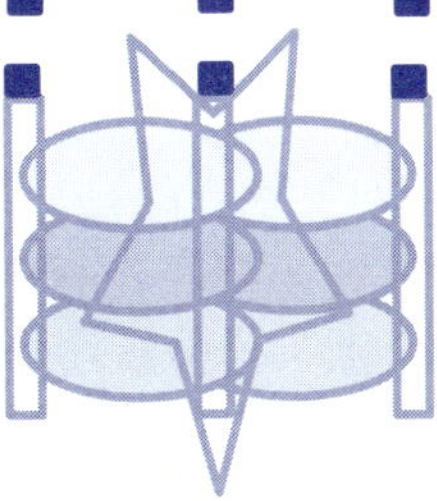

D
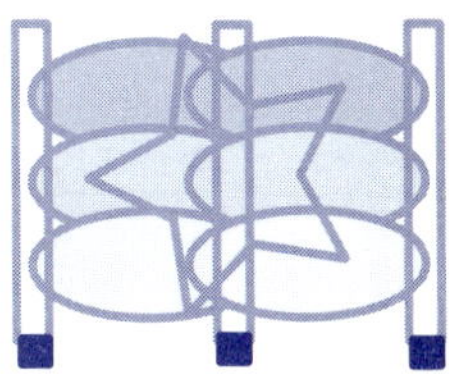

N° 61

Quelle figure, A, B, C ou D doit remplacer logiquement le **?**

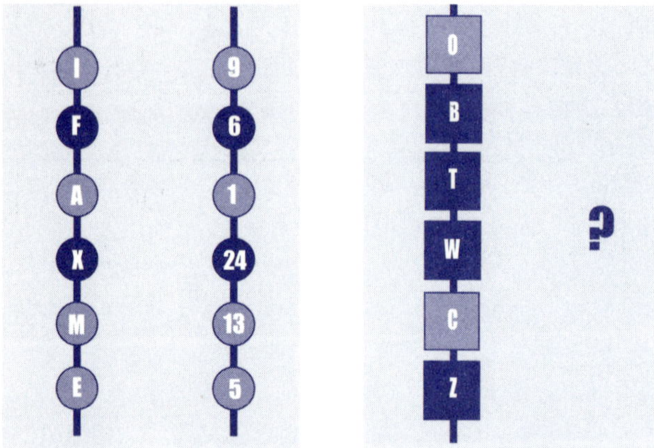

A

B

C

D

N° 62

Quelle figure, A, B, C ou D, doit remplacer le **?**

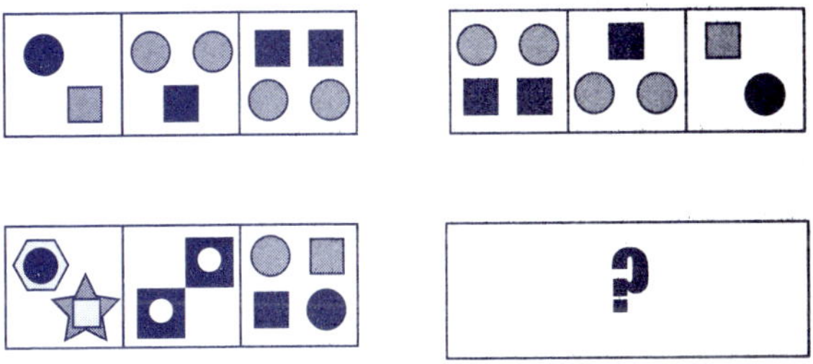

A 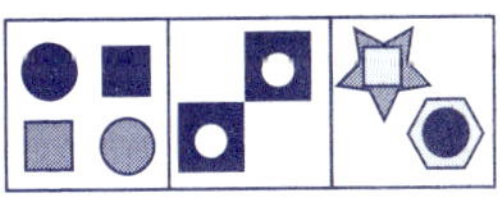

B 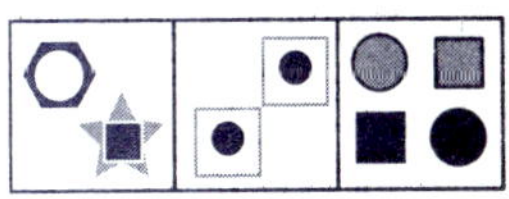

C 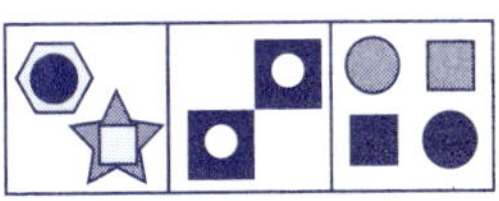

D 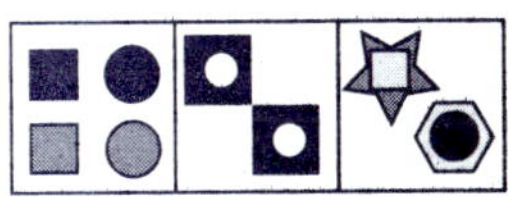

N° 63

Quelle figure, A, B, C ou D, doit remplacer le **?**

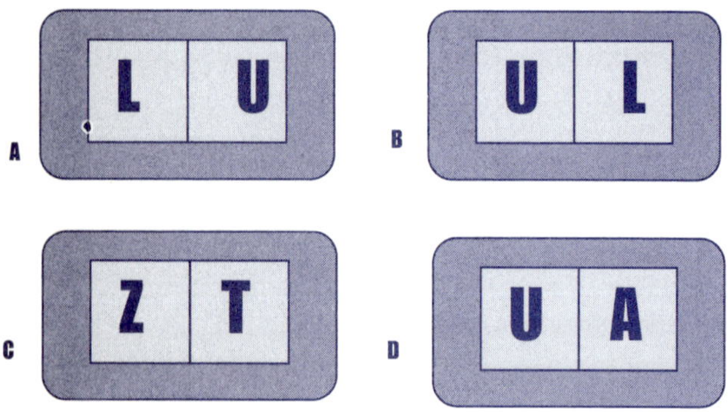

N° 64

Complétez la grille avec les 3 symboles de façon à ce qu'ils n'apparaissent qu'une seule fois dans chaque rangée et chaque colonne.

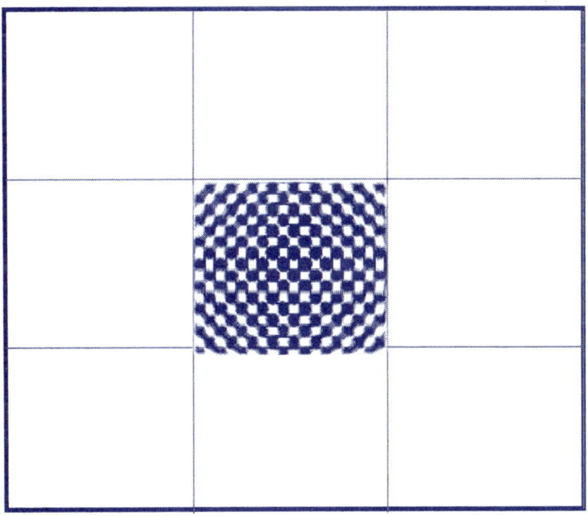

N° 65

Complétez la grille avec les 4 symboles de façon à ce qu'ils n'apparaissent qu'une seule fois dans chaque rangée, chaque colonne et chaque carré de 4 cases.

N° 66

Complétez la grille avec les 4 symboles de façon à ce qu'ils n'apparaissent qu'une seule fois dans chaque rangée, chaque colonne et chaque carré de 4 cases.

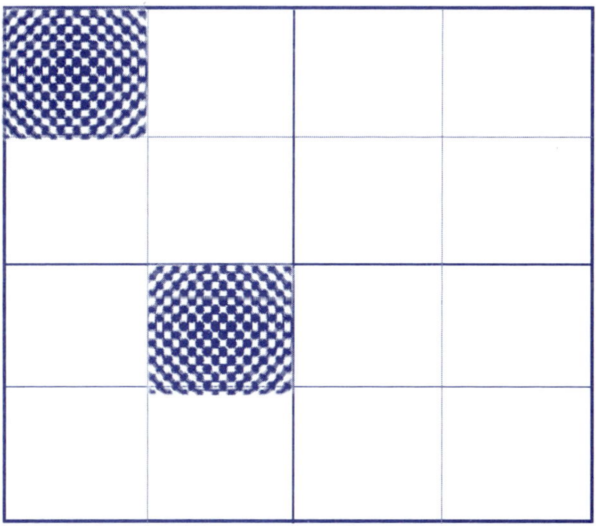

N° 67

Complétez la grille avec les 4 symboles de façon à ce qu'ils n'apparaissent qu'une seule fois dans chaque rangée, chaque colonne et chaque carré de 4 cases.

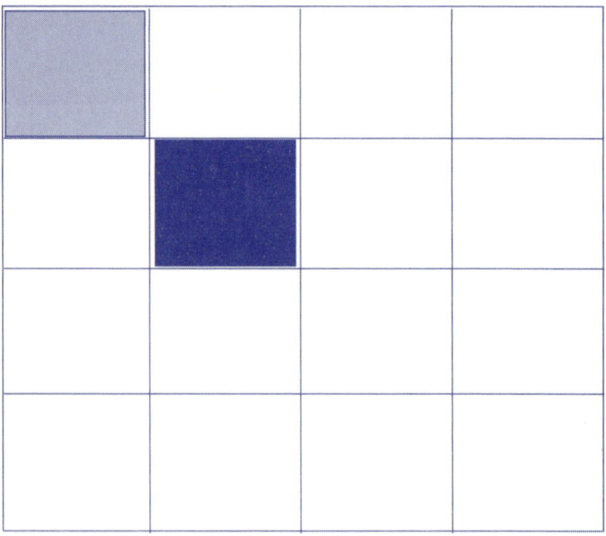

N° 68

Complétez la grille avec les 6 symboles de façon à ce que chacun n'apparaisse qu'une seule fois dans chaque rangée, chaque colonne et chaque rectangle de 6 cases.

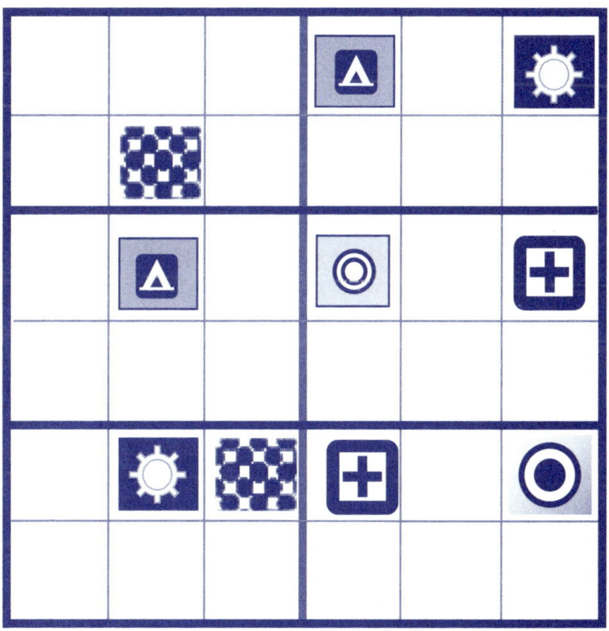

N° 69

Complétez la grille avec les 6 symboles de façon à ce que chacun n'apparaisse qu'une seule fois dans chaque rangée, chaque colonne et chaque rectangle de 6 cases.

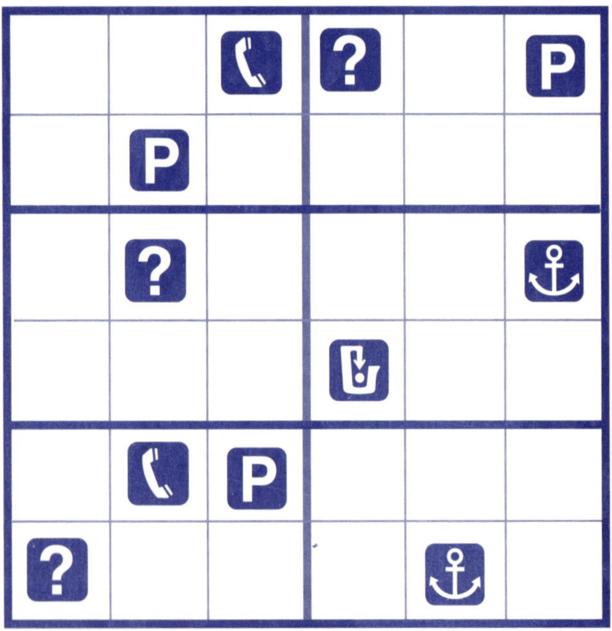

N° 70

Complétez la grille avec les 6 symboles de façon à ce que chacun n'apparaisse qu'une seule fois dans chaque rangée, chaque colonne et chaque rectangle de 6 cases.

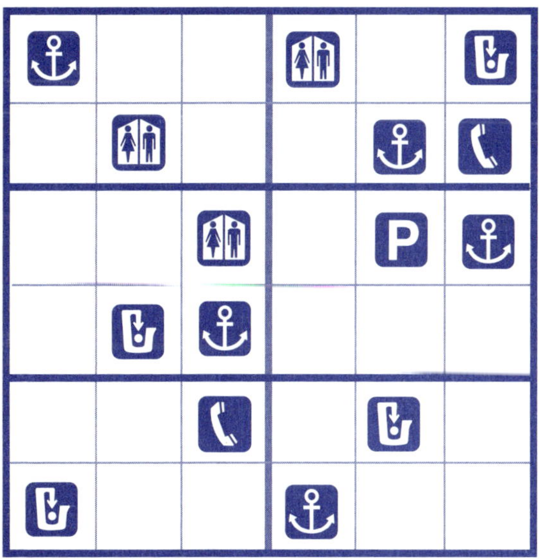

N° 71

Complétez la grille avec les 9 lettres du mot donné de façon à ce que chaque lettre n'apparaisse qu'une seule fois dans chaque rangée, chaque colonne et chaque carré de 9 cases.

M O N T I C U L E

			T			N	E	C
O	E			I	N			
M		T	C				O	
			U	O	L			
		E					M	O
I					C			
E	I						T	
			E	L		C		M
	M	U			T			

N° 72

Complétez la grille avec les 9 lettres du mot donné de façon à ce que chaque lettre n'apparaisse qu'une seule fois dans chaque rangée, chaque colonne et chaque carré de 9 cases.

E X F O L I A N T

X							N	
	O						T	X
	A				E			L
	E	T	L					
N				F	T	X		
F							O	N
	X							O
		L	T	I				A
					N	L	I	

N° 73

Quel nombre faut-il placer en bas de la grille sachant que les chiffres situés à l'extérieur de la grille représentent :
À GAUCHE le nombre de chiffres qui, dans cette rangée, sont dans le nombre à trouver ;
À DROITE le nombre de chiffres qui, parmi ceux-ci, se trouvent à leur bonne place dans le nombre à trouver ?

2	1	8	7	0	6	0
2	8	2	0	1	4	2
4	4	5	0	8	7	1
3	3	8	0	5	2	3
4	6	7	0	5	3	3
	☐	☐	☐	☐	☐	

N° 74

Quel nombre faut-il placer en bas de la grille sachant que les chiffres situés à l'extérieur de la grille représentent :
À GAUCHE le nombre de chiffres qui, dans cette rangée, sont dans le nombre à trouver ;
À DROITE le nombre de chiffres qui, parmi ceux-ci, se trouvent à leur bonne place dans le nombre à trouver ?

3	9	0	1	8	4	1
2	2	5	0	8	6	0
3	9	8	1	0	3	3
4	8	5	9	4	3	1
4	0	8	4	2	9	3

N° 75

Quel nombre faut-il placer en bas de la grille sachant que les chiffres situés à l'extérieur de la grille représentent :
À GAUCHE le nombre de chiffres qui, dans cette rangée, sont dans le nombre à trouver ;
À DROITE le nombre de chiffres qui, parmi ceux-ci, se trouvent à leur bonne place dans le nombre à trouver ?

3	0	2	1	8	6	2
2	7	9	3	6	8	2
3	1	2	4	6	5	3
3	0	5	3	1	4	2
4	3	2	8	6	5	3
	☐	☐	☐	☐	☐	

N° 76

Quel nombre faut-il placer en bas de la grille sachant que les chiffres situés à l'extérieur de la grille représentent :
À GAUCHE le nombre de chiffres qui, dans cette rangée, sont dans le nombre à trouver ;
À DROITE le nombre de chiffres qui, parmi ceux-ci, se trouvent à leur bonne place dans le nombre à trouver ?

2	7	3	0	2	9	0
1	8	6	4	3	2	1
4	8	0	4	5	1	3
4	4	0	2	9	1	3
3	4	5	3	2	0	0
	☐	☐	☐	☐	☐	

N° 77

Quel nombre faut-il placer en bas de la grille sachant que les chiffres situés à l'extérieur de la grille représentent :
À GAUCHE le nombre de chiffres qui, dans cette rangée, sont dans le nombre à trouver ;
À DROITE le nombre de chiffres qui, parmi ceux-ci, se trouvent à leur bonne place dans le nombre à trouver ?

2	9	4	7	1	3	0
1	4	7	3	9	2	1
4	4	6	8	5	1	3
3	2	9	3	8	1	2
4	6	2	8	1	5	0
	□	□	□	□	□	

N° 78

Quel nombre faut-il placer en bas de la grille sachant que les chiffres situés à l'extérieur de la grille représentent :
À GAUCHE le nombre de chiffres qui, dans cette rangée, sont dans le nombre à trouver ;
À DROITE le nombre de chiffres qui, parmi ceux-ci, se trouvent à leur bonne place dans le nombre à trouver ?

1	2	8	9	1	4	0
3	2	3	1	6	5	1
4	7	3	8	4	6	4
3	3	2	1	4	6	2
4	5	3	7	6	2	1

N° 79

Quel nombre faut-il placer en bas de la grille sachant que les chiffres situés à l'extérieur de la grille représentent :
À GAUCHE le nombre de chiffres qui, dans cette rangée, sont dans le nombre à trouver ;
À DROITE le nombre de chiffres qui, parmi ceux-ci, se trouvent à leur bonne place dans le nombre à trouver ?

2	8	9	2	3	6	0
4	9	4	7	5	3	3
1	9	2	6	8	1	1
4	4	1	7	3	5	0
3	1	8	6	7	3	2

N° 80

Quel nombre faut-il placer en bas de la grille sachant que les chiffres situés à l'extérieur de la grille représentent :
À GAUCHE le nombre de chiffres qui, dans cette rangée, sont dans le nombre à trouver ;
À DROITE le nombre de chiffres qui, parmi ceux-ci, se trouvent à leur bonne place dans le nombre à trouver ?

3	7	6	5	1	4	0
2	9	2	4	3	8	2
1	9	5	3	8	4	1
3	5	2	4	7	6	3
4	9	7	1	5	6	3
	☐	☐	☐	☐	☐	

N° 81

Quel nombre faut-il placer en bas de la grille sachant que les chiffres situés à l'extérieur de la grille représentent :
À GAUCHE le nombre de chiffres qui, dans cette rangée, sont dans le nombre à trouver ;
À DROITE le nombre de chiffres qui, parmi ceux-ci, se trouvent à leur bonne place dans le nombre à trouver ?

4	1	4	2	5	7	4
1	0	2	6	3	5	0
4	8	4	1	7	0	1
2	0	4	3	7	6	1
3	4	0	3	5	7	2

N° 82

Reconstituez le proverbe caché, sachant que chaque lettre est remplacée par une autre. Remplissez la grille du bas au fur et à mesure que vous découvrez vos lettres.

DT VFOT BWTPBWT

DF VFOTVVT DT VAH

D'F HPAEXTT

A	B	C	D	E	F	G	H	I	J	K	L	M
	C											

N	O	P	Q	R	S	T	U	V	W	X	Y	Z
	G								H			

N° 83

Quelle figure, A, B, C ou D, remplace le **?**

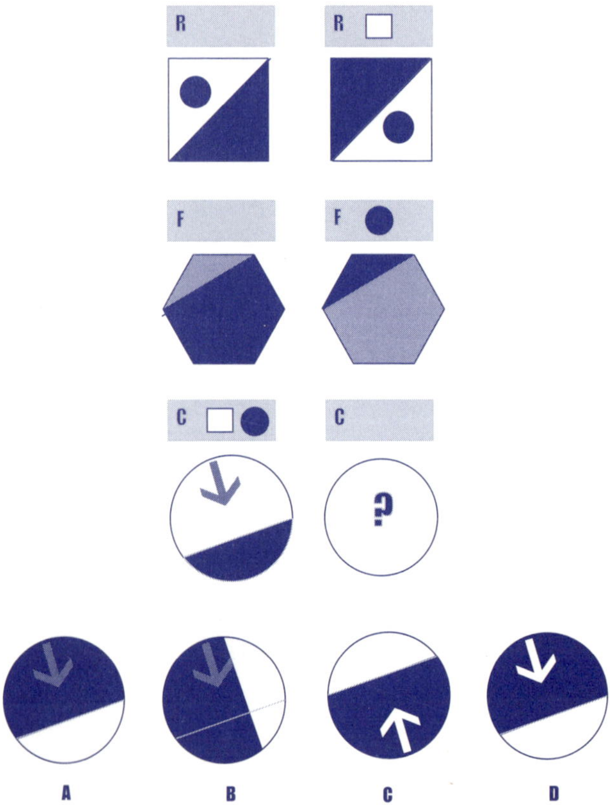

N° 84

Reconstituez le proverbe caché, sachant que chaque lettre est remplacée par une autre. Remplissez la grille du bas au fur et à mesure que vous découvrez vos lettres.

UC XCPEOO ZGI YFOXEOF

CXRIF N'OWM Z'EPHRFOF

AI'EU YIEWWO LEHEF

IH TRIF

AB	B	C	D	E	F	G	H	I	J	K	L	M
				I							F	

N	O	P	Q	R	S	T	U	V	W	X	Y	Z
		G										

N° 85

Si tous les N sont remplacés par des R, tous les R par des E, quelle lettre remplace les E ?

LF BORHFUE FST GFRFEALFMFRT LA OU OR RF L'ATTFRD PAS

N° 86

Complétez l'opération.

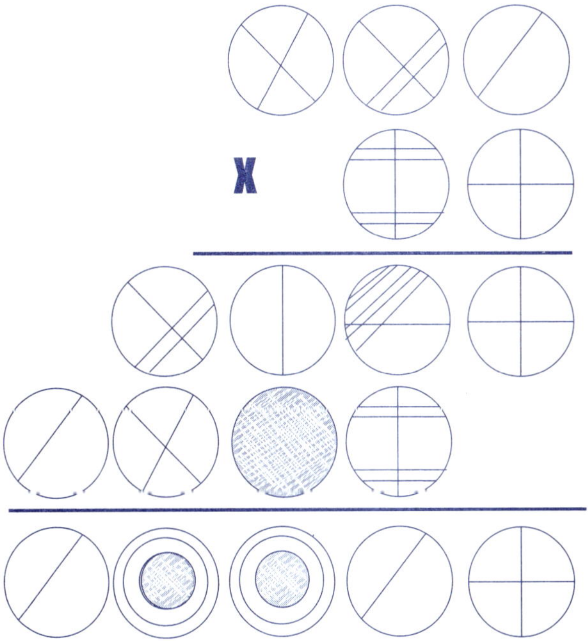

N° 87

Reconstituez le proverbe caché, sachant que chaque lettre est remplacée par une autre. Remplissez la grille du bas au fur et à mesure que vous découvrez vos lettres.

D ' F U A E P Q AG J J T Q T

D ' T V G P R H F E K Z T U U T V

T H D T P T H R P T F E K

W A U U T V

AB	B	C	D	E	F	G	H	I	J	K	L	M
					A							

N	O	P	Q	R	S	T	U	V	W	X	Y	Z
							M					

N° 88

Quelle figure, A, B, C ou D, remplace le **?**

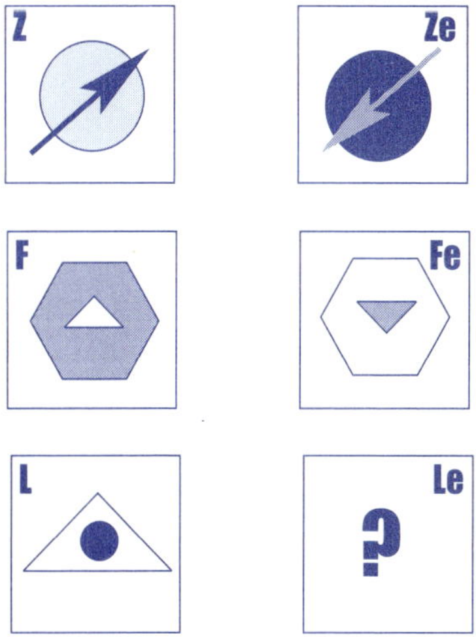

A

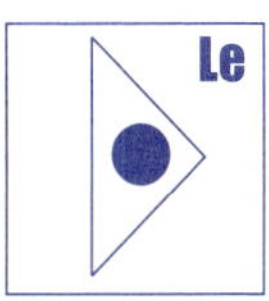

B

C

D

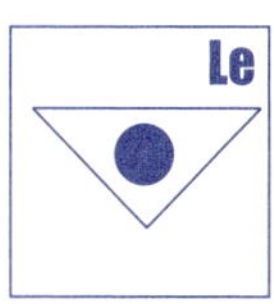

N° 89

Reconstituez le proverbe caché, sachant que chaque lettre est remplacée par une autre. Remplissez la grille du bas au fur et à mesure que vous découvrez vos lettres.

EU OWM YUIW LCNEUO

ZO ZOYUCNOF IH LUOIQO

AIO ZO NKCHPOF

WRH NCFCNMOFO

A	B	C	D	E	F	G	H	I	J	K	L	M
					R						F	

N	O	P	Q	R	S	T	U	V	W	X	Y	Z
											P	

N° 90

Quelle figure, A, B, C ou D, remplace les **?**

Figure 1	R A S
Figure 2	C O O
Figure 3	R S E
Figure 4	C O A
Figure 5	? ? ?

A. O R S

B. R S A

C. R S O

D. C O S

N° 91

Attribuez à chacun son animal sachant que :
L'animal de Sophie est plus en avant que celui de Jacques, qui n'est cependant pas le dernier ;
L'animal de Philippe est juste derrière celui de Brad ;
Celui de Nathalie n'est ni juste devant ni juste derrière celui de Philippe car il n'est pas à une extrémité.

N° 92

Quels sont les mots mal orthographiés ?

1 - appareil
2 - cauchemard
3 - sandwitch
4 - arborigène
5 - parallèle
6 - misogyne
7 - arboretum
8 - appréhender
9 - mimétisme
10 - acquérir
11 - acompte
12 - accoustique

N° 93

Dans ces listes quel est le mot qui se rapproche le plus du mot situé au-dessus ?

DÉPIT

DÉCHANTER - PITIÉ - DÉSESPOIR - CHAGRIN

ESTIMABLE

AIMABLE - RESPECTABLE - AMICAL - RICHE

VAINCRE

GAGNER - BATTRE - DÉFENDRE - CRAINDRE

ORGUEIL

JALOUSIE - PRÉTENTION - MORGUE - DÉFAUT

N° 94

Dans ces listes, quel est le mot qui s'écarte le plus de celui situé au-dessus?

MAQUILLER

DÉGUISER - DISSIMULER - DÉCELER - CACHER

AMALGAME

BRASSAGE- SALADE - MÉLANGE - DICHOTOMIE

MORBIDE

RAIDE - MOBILE- RIGIDE - FIXE

N° 95

Quelles sont les syllabes de trois lettres qui finissent le mot de gauche et commencent celui de droite ?

PO	**---**	**MISE**
CALA	**---**	**TYRE**
CHE	**---**	**IDE**
PIN	**---**	**DAGE**

N° 96

Quel mot doit-on placer au milieu de chaque rangée, dont le sens est le même que ceux situés de part et d'autre ?

VILLE	---	ASSIGNÉ
DÉLIT	---	FAIRE
FRANC	---	CANDIDE
TRANCHE	---	TROPHÉE

N° 97

Déplacez le pion noir vers l'est d'une case, de 2 cases vers le sud, de 3 cases vers le nord, de 4 cases vers l'ouest, puis d'une case vers le sud et enfin de 2 vers l'est. Où se trouve votre pion ?

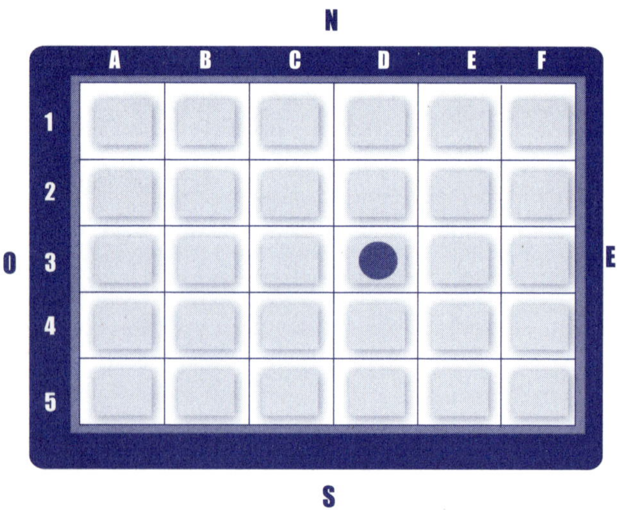

N° 98

Quelle est la figure qui se situe plus haut que l'étoile, plus bas que le cercle hachuré, plus à gauche que le cercle avec une croix au centre, à droite du rond noir sans le côtoyer, et qui ne se situe pas à une extrémité ?

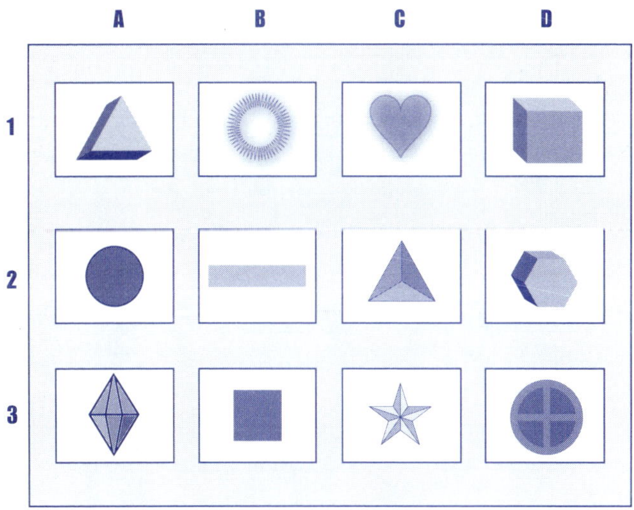

N° 99

Un seul trio de lettres permet de former les 6 mots ci-dessous. Lequel ?

PRO - - - ES

- - - OTINS

A - - - OLE

HOS - - - ES

- - - TURAL

É - - - IÈRE

N° 100

Quelle carte doit logiquement remplacer celle avec le **?**

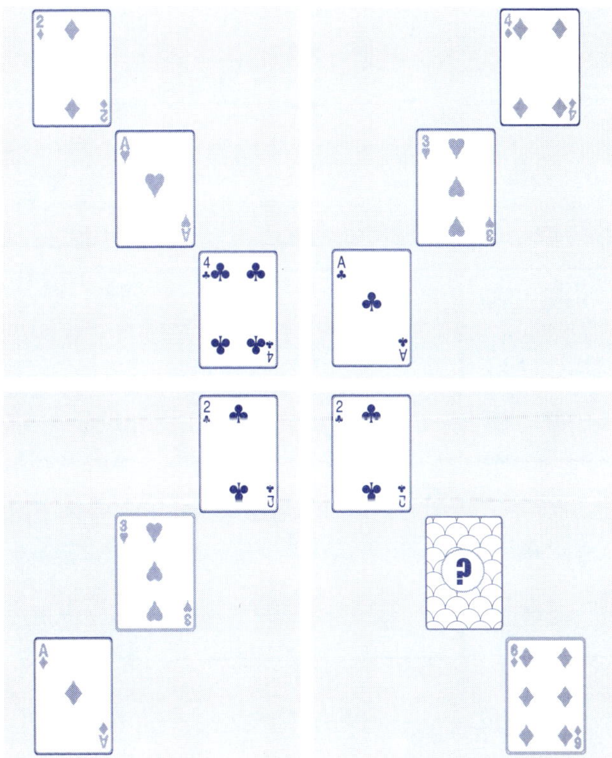

N° 101

Quelle carte doit logiquement remplacer la carte retournée ?

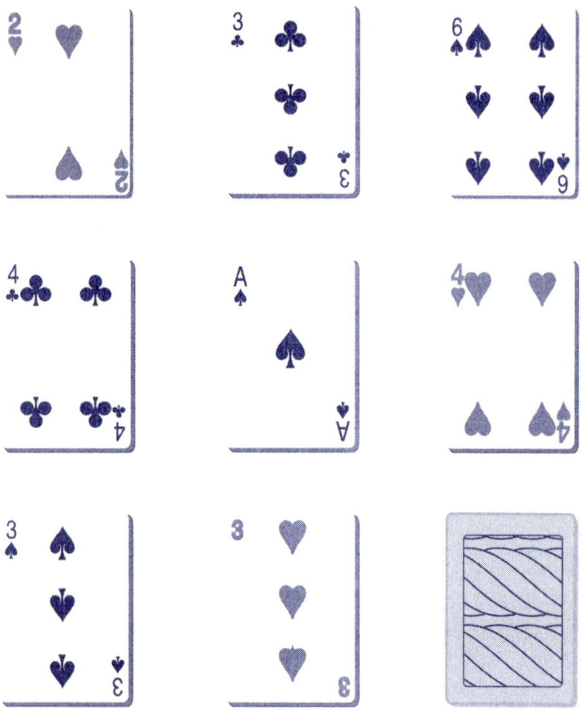

N° 102

Quelle carte doit logiquement remplacer la carte retournée ?

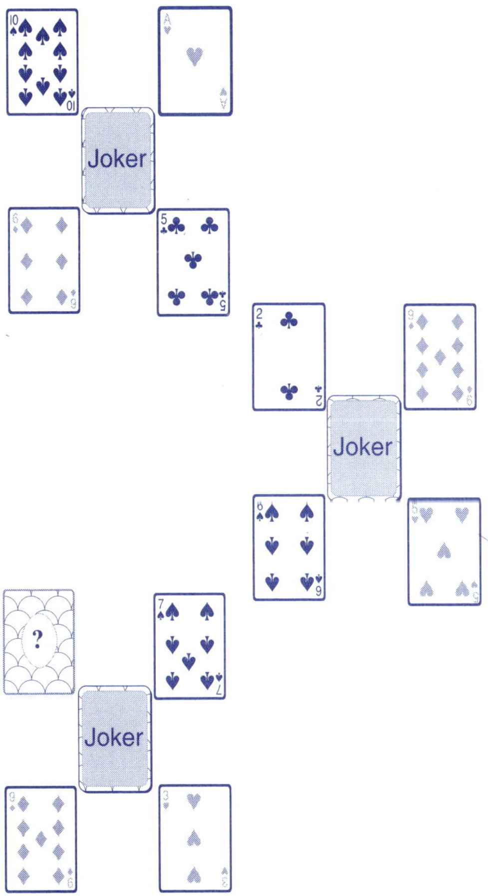

N° 103

Quelle carte doit logiquement remplacer la carte retournée ?

N° 104

Quelle carte doit logiquement remplacer la carte retournée ?

N° 105

Quelle carte doit logiquement remplacer la carte retournée ?

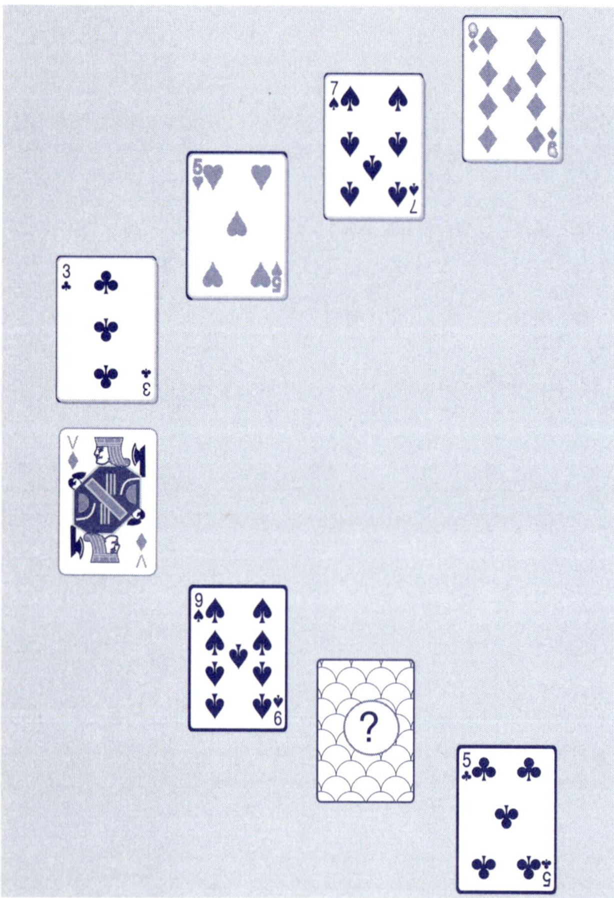

N° 106

Quelle carte doit logiquement remplacer la carte retournée ?

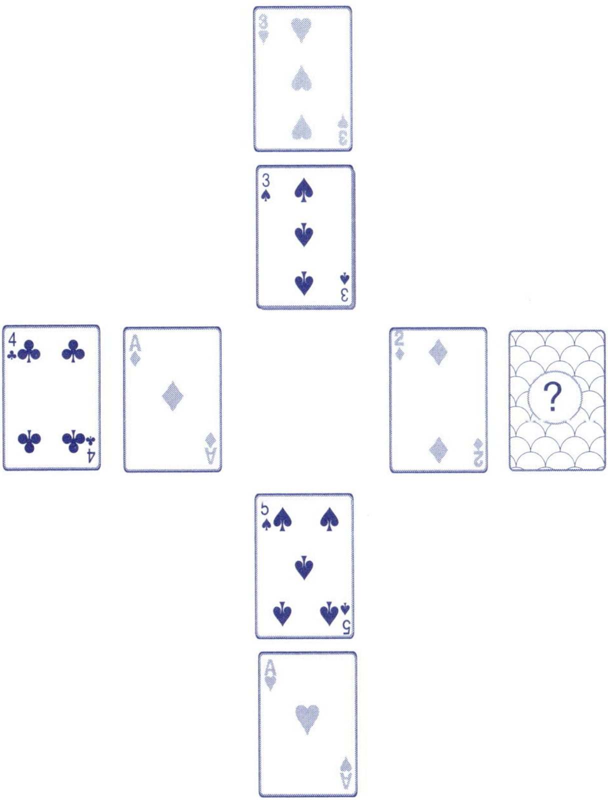

N° 107

Quelle carte doit logiquement remplacer la carte retournée ?

N° 108

Quelle carte doit logiquement remplacer la carte retournée ?

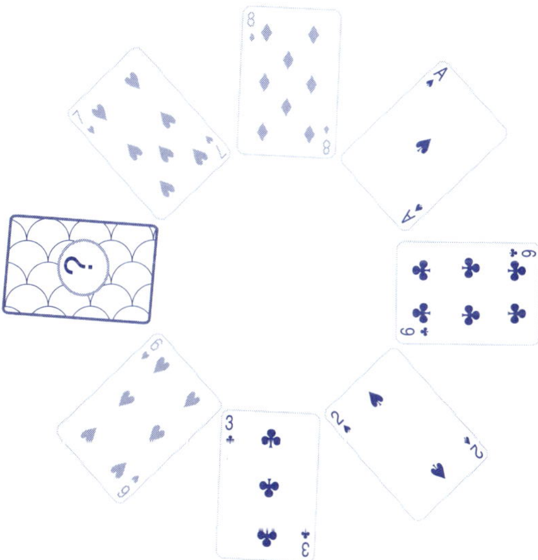

N° 109

Quel domino doit remplacer le domino vierge ?

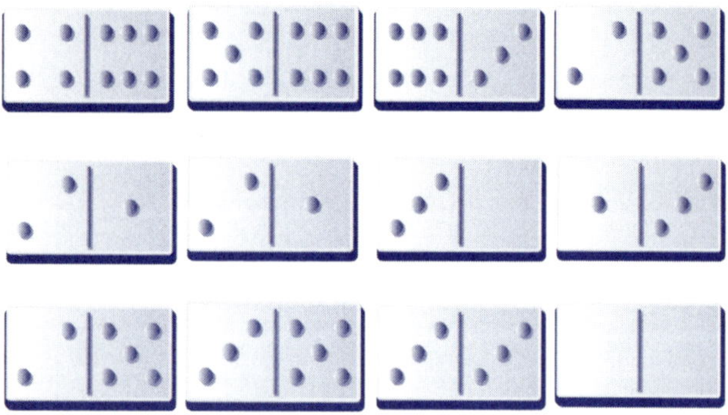

N° 110

Quel domino doit remplacer le domino vierge ?

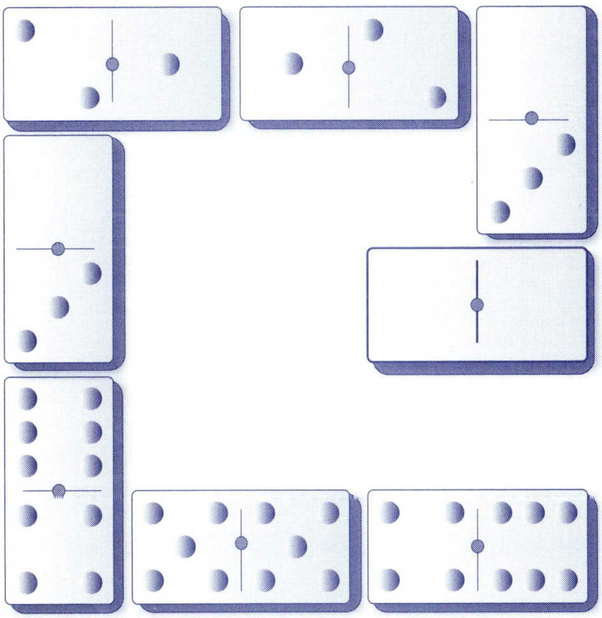

N° 111

Quel domino doit remplacer le domino vierge ?

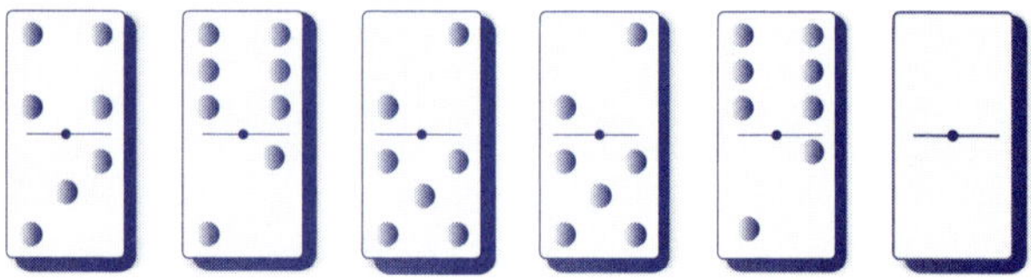

N° 112

Quel domino doit remplacer le domino vierge ?

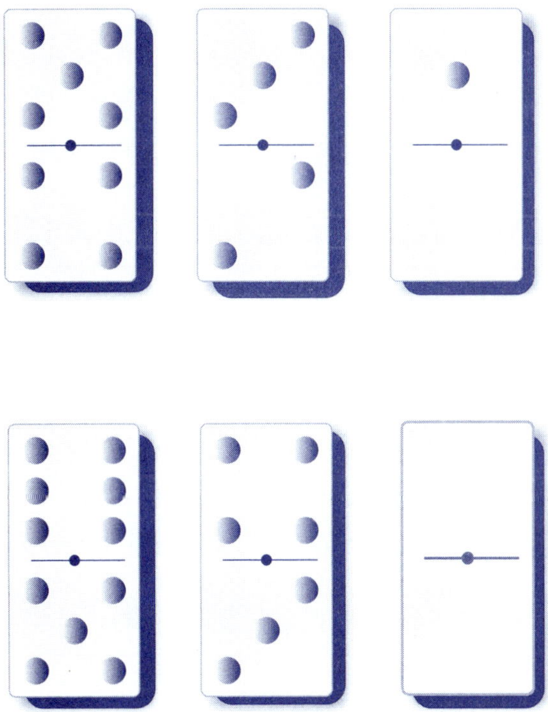

N° 113

Quel domino doit remplacer le domino vierge ?

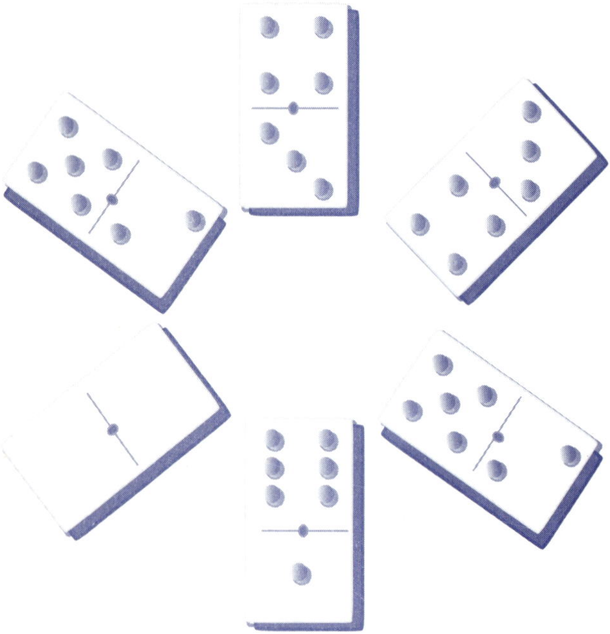

N° 114

Quel domino doit remplacer le domino vierge ?

N° 115

Quel domino doit remplacer le domino vierge ?

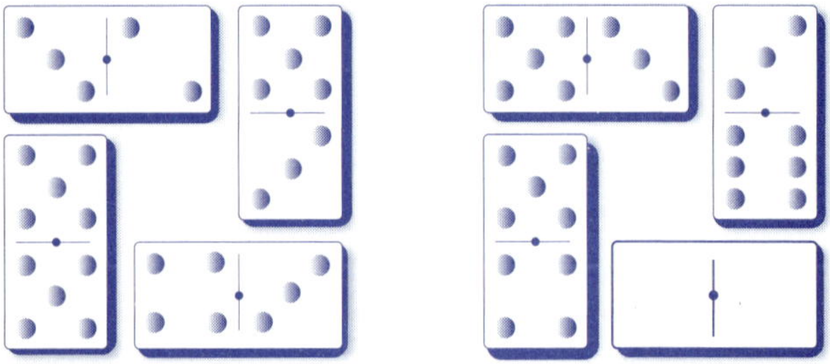

N° 116

Quel domino doit logiquement remplacer le domino vierge ?

N° 117

Quel domino doit remplacer le domino vierge ?

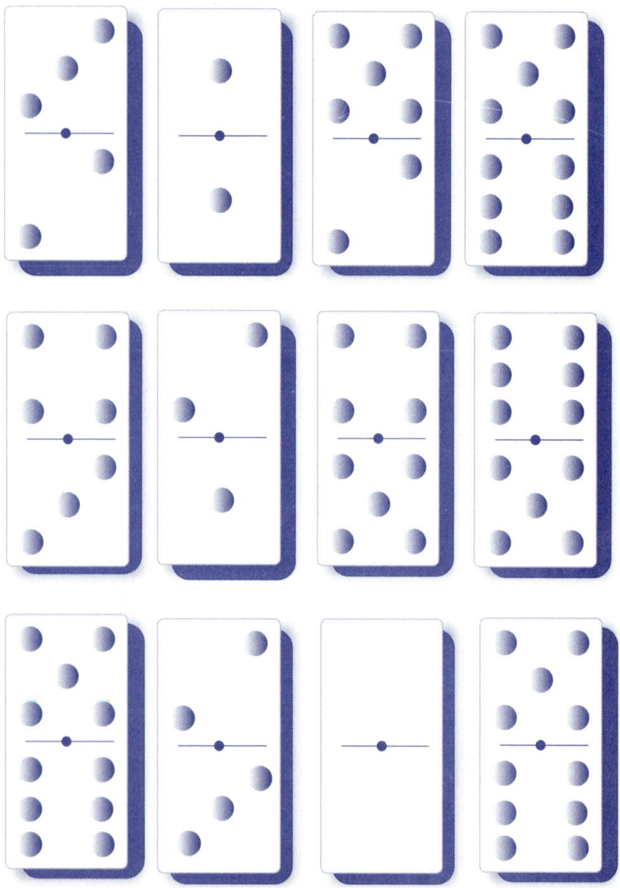

Solutions des tests d'entraînement

Test n° 1 : I et T, pour former mourir et partir.

Test n° 2 : B pour former carotte, les autres mots étant des anagrammes de radis, tomate, navet.

Test n° 3 : A – aiguille – seul objet sans lame ; B – iris – seul mot à ne pas indiquer une couleur ; C – maldonne – seul mot à ne pas avoir 2 l ; D – liberté – seul mot à ne pas se terminer par -ité.

Test n° 4 : A – entretien – les autres mots commencent et se terminent par la même lettre ; B – Flavie – les premières lettres des autres prénoms se suivent par ordre alphabétique ; C – histoire – seul mot à ne pas terminer par -oir ; D – travail – la première syllabe de chaque mot est la dernière du mot qui le précède.

Test n° 5 : TORD, seul mot auquel on ne peut ajouter PRÉ-, pour former un autre mot.

Test n° 6 : JHGI — suite alphabétique inversée commençant avec les lettres du centre.

Test n° 7 :

● = **R**
⬢ = **C**
★ = **E**

Pour former :
retracer
espacer
espérer
cétacés
sécateur

Test n° 8 : **A** **L** **Q** lire en sautant 1 lettre à chaque fois, en commençant par G puis par D : G, (H), I, (J), K... et D, (E), F, (G), H...

B **X** **A** lire en sautant alternativement 1 lettre puis 2 lettres à chaque fois : B, (C), D, (E), (F), G...

C **LLL** **13** lire en sautant 1 lettre à chaque fois : on a d'abord 1 lettre puis 2, puis 3 et on revient à 1 lettre, etc. Le chiffre représente la place de la lettre dans l'alphabet.

Test n° 9 : pa – pour former : paon, panache, patient, parent.

Test n° 10 : 38 – rond = 6 ; hexagone = 8.

Test n° 11 : 28 – On additionne les nombres figurant dans les étoiles, on multiplie par 2 puis on soustrait le nombre de côtés de la figure centrale.

Test n° 12 : 22 – étoile blanche = 6 ; étoile grise = 8 ; étoile noire = 2.

Test n° 13 : 7 – total de chaque rangée d'étoiles grises = 25 ; des étoiles blanches = 35.

Test n° 14 : 26 – le nombre du bas s'obtient en retranchant du nombre du haut le produit des deux nombres latéraux.

Test n° 15 : 48 – espace blanc = 5 ; espace gris = 9 ; espace noir = 7.

Test n° 16 : 81 – on multiplie les chiffres situés aux 2 extrémités de chaque rangée et on obtient le nombre formé des deux chiffres intérieurs.

Test n° 17 : 10 – on retranche du nombre du haut celui du centre puis le nombre extérieur et on obtient le nombre du bas.

Test n° 18 : 28 – les grilles sont formées de suites horizontales commençant alternativement par rangée par 1 puis 2 puis 3 puis 4.
En D on a verticalement : 5 - 6 - 6 - et 11.

Test n° 19 : C – les motifs à l'intérieur de chaque figure tournent sur eux-mêmes de 90° dans le sens des aiguilles d'une montre ; la couleur des fonds change à chaque rangée.

Test n° 20 : D – les couleurs des figures sont inversées.

Test n° 21 : A – les figures dans les losanges changent, à chaque fois, de couleur et sont inversées ; les points latéraux alternent, une fois gris une fois noirs.

Test n° 22 : D – rotation de 90° de la figure dans le sens des aiguilles d'une montre ; les points changent de couleur.

Test n° 23 : B – la figure de gauche chevauche celle du milieu pour former celle de droite. La partie de gauche est au-dessus de celle de droite.

Test n° 24 : B – la figure de droite est l'image de la figure de gauche dans un miroir ; les couleurs des motifs et des fonds s'inversent.

Test n° 25 : D – figure du centre, symbole du milieu = rotation de 45° de la figure de gauche dans le sens inverse des aiguilles d'une montre + 2 figures grises extérieures ajoutées ; figure de droite = rotation de la figure du milieu de 45° dans le sens inverse des aiguilles d'une montre.

Test n° 26 : B – progression par rangée : à chaque figure un motif est ajouté dans le dernier on ajoute toujours un triangle dont la pointe est dirigée vers le haut.

Test n° 27 : B – il y a autant d'étoiles que de E dans chaque alignement vertical et horizontal. 4 de chaque.

Test n° 28 : B.

Test n° 29 : C.

Test n° 30 : A.

Test n° 31 : B.

Test n° 32 : C.

Test n° 33 : D.

Test n° 34 : A.

Test n° 35 : D.

Test n° 36 : C.

Test n° 37 : A – les figures ont des triangles qui changent alternativement, une fois ceux du haut, une fois ceux du bas.

Test n° 38 : B – les figures ont alternativement un motif qui tourne de 90° dans le sens des aiguilles d'une montre. Le premier qui change est celui de l'extrême droite, puis celui du bas et ainsi de suite...

Test n° 39 : C – la figure centrale tourne sur elle-même de 45°, dans le sens des aiguilles d'une montre.

Test n° 40 : A – la figure tourne sur elle-même de 45°, dans le sens contraire des aiguilles d'une montre.

Test n° 41 : D – les figures tournent dans le sens inverse des aiguilles d'une montre, de 45°, les soleils changent de couleur une fois sur deux.

Test n° 42 : B – les figures tournent sur elles-même de 45° dans le sens inverse des aiguilles d'une montre ; le fond et la flèche blanche changent de couleur à chaque case.

Test n° 43 : A – a) déplacement de la figure du centre de 90° et changement de couleur, une fois sur deux.
b) La grande étoile seule, change une fois sur trois d'orientation et tourne à 45° dans le sens des aiguilles d'une montre.

Test n° 44 : D – les ensembles tournent dans le sens des aiguilles d'une montre ; la couleur des triangles change une fois sur deux.

Test n° 45 : B – les figures intérieures tournent sur elles-mêmes dans le sens des aiguilles d'une montre, de 90° ; leurs couleurs s'inversent.

Test n° 46 : D – E.

Test n° 47 : B – C.

Test n° 48 : A – D.

Test n° 49 : D.

Test n° 50 : A6 - B8 - C5 - D1 - E3 - F7 - G4 - H2.

Test n° 51 : B.

Test n° 52 : D.

Test n° 53 : C.

Test n° 54 : D.

Test n° 55 : D – la couleur du fond de la figure du milieu remplace celle de la grande figure et inversement.

Test n° 56 : A – le motif central se retrouve à l'extérieur, et les motifs extérieurs se retrouvent au centre ; la couleur du fond est intervertie avec le fond de la figure.

Test n° 57 : D – inversion des couleurs.

Test n° 58 : C – les figures se font face, comme dans un miroir ; l'ordre des couleurs est inversé.

Test n° 59 : C – la figure tourne de 90° dans le sens inverse des aiguilles d'une montre.

Test n° 60 : B – la figure tourne de 180° et une étoile est ajoutée, donc il faut ôter l'étoile.

Test n° 61 : C – le nombre qui figure en face de chaque lettre indique sa place dans l'alphabet ; la couleur claire représente les nombres impairs et celle foncée les nombres pairs.

Test n° 62 : A – l'ensemble de gauche est reproduit à droite mais tourné de 180°.

Test n° 63 : B – chaque nombre indique la place qu'occupe la lettre dans l'alphabet – 1.

Test n° 64 :

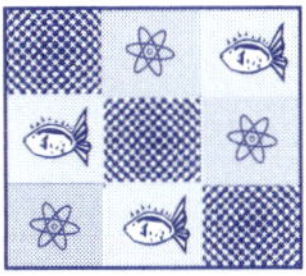

Test n° 65 :

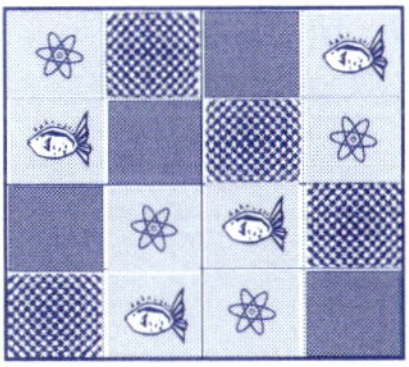

Test n° 66 :

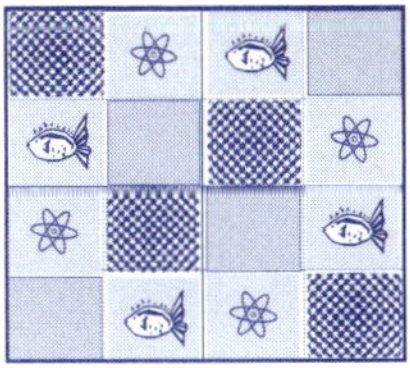

Test n° 67 :

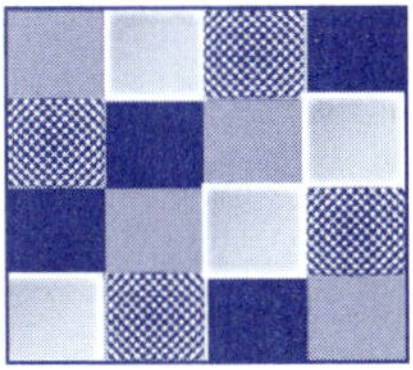

Test n° 68 :

Test n° 69 :

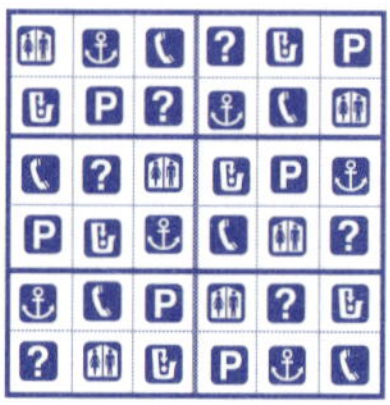

Test n° 70 :

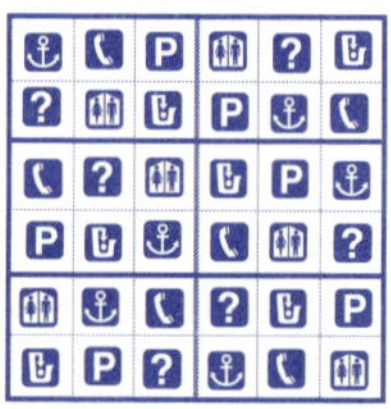

Test n° 71 :

L	U	I	T	M	O	N	E	C
O	E	C	L	I	N	M	U	T
M	N	T	C	U	E	I	O	L
N	T	M	U	O	L	E	C	I
U	C	E	N	T	I	L	M	O
I	L	O	M	E	C	T	N	U
E	I	L	O	C	M	U	T	N
T	O	N	E	L	U	C	I	M
C	M	U	I	N	T	O	L	E

Test n° 72 :

X	T	E	F	O	L	A	N	I
L	O	F	N	A	I	E	T	X
I	A	N	X	T	E	O	F	L
O	E	T	L	N	X	I	A	F
N	I	A	O	F	T	X	L	E
F	L	X	I	E	A	T	O	N
T	X	I	A	L	F	N	E	O
E	N	L	T	I	O	F	X	A
A	F	O	E	X	N	L	I	T

Test n° 73 : 3 7 0 5 4

Test n° 74 : 9 8 4 2 3

Test n° 75 : 0 2 3 6 5

Test n° 76 : 5 0 4 9 1

Test n° 77 : 8 6 3 5 1

Test n° 78 : 7 3 5 4 6

Test n° 79 : 7 4 6 5 3

Test n° 80 : 9 2 1 7 6

Test n° 81 : 1 4 8 5 7

Test n° 82 : Le sage cherche la sagesse, le sot l'a trouvée.

Test n° 83 : C – □ figure inversée ; ● couleurs inversées.

Test n° 84 : La magie du premier amour, c'est d'ignorer qu'il puisse finir un jour.

Test n° 85 : Le bonheur est généralement là où on ne l'attend pas.
Les N sont remplacés par des F.

Test n° 86 : 521 x 34 = 17 714.

Test n° 87 : L'amour donne de l'esprit aux femmes et le retire aux hommes.

Test n° 88 : B – chaque lettre majuscule est représentée par une figure. Quand on lui ajoute e, on inverse et la figure et les couleurs.

Test n° 89 : Il est plus facile de déplacer un fleuve que de changer son caractère.

Test n° 90 : C – 1re lettre = couleur intérieure ; 2e lettre = figure intérieure ; 3e lettre = figure extérieure.

Test n° 91 : Sophie – A ; Nathalie – B ; Jacques – C ; Brad – D ; Philippe – E

Test n° 92 : 2 – cauchemar ; 3 – sandwich ; 4 – aborigène ; 12 – acoustique.

Test n° 93 : dépit – chagrin ; estimable – respectable ; vaincre – gagner ; orgueil – morgue.

Test n° 94 : maquiller – déceler ; amalgame – dichotomie ; morbide – mobile.

Test n° 95 : poche – chemise ; calamar – martyre ; cheval – valide ; pinson – sondage.

Test n° 96 : ville – cité – assigné ; délit – action – faire ; franc – honnête – candide ; tranche – coupe – trophée.

Test n° 97 : C3.

Test n° 98 : Le triangle en 3 C.

Test n° 99 : PIC, pour former : propices – picotins – apicole – hospices – pictural – épicière.

Test n° 100 : 

La somme de chaque trio de cartes, en partant du bas à gauche et en allant dans le sens des aiguilles d'une montre, augmente toujours d'une unité (6, 7, 8, 9). La disposition des couleurs est la même pour tous les trios, en allant de l'extérieur vers l'intérieur.

Test n° 101 : 

Les cartes de la troisième colonne ont pour valeur le produit des 2 cartes situées sur la même rangée. Sur chaque rangée, on a les 3 couleurs : pique, cœur et trèfle.

Test n° 102 : 

Dans chaque groupe de 5 cartes, la paire du haut et celle du bas ont la même valeur ; les couleurs sont toujours pique, cœur, carreau et trèfle dans n'importe quel ordre.

Test n° 103 : 

Chaque carte de la première rangée a pour valeur le produit des deux cartes situées en dessous. Les cartes se suivent toujours dans le même ordre : pique, cœur, carreau, trèfle en lisant en colimaçon.

Test n° 104 : 

Les cartes se lisent horizontalement : la première moins la seconde donne la troisième. Les couleurs sont les mêmes sur chaque rangée.

Test n° 105 : 

En partant du milieu, la valeur des cartes augmente de 2 en 2 en montant et diminue de 2 en 2 en descendant. De haut en bas, l'ordre des couleurs est : carreau, pique, cœur, trèfle.

Test n° 106 : 

Les cartes se lisent par couple. La valeur de chaque couple est égale à celle du couple opposé : 5 ou 6. Les couleurs sont disposées en vis-à-vis.

Test n° 107 : 

Le total des deux cartes verticales moins la valeur de la carte horizontale donne la carte en diagonale.

Test n° 108 : 

La différence entre 2 cartes diamétralement opposées est toujours égale à 5. Les couleurs des cartes à droite alternent toujours entre pique et trèfle, et à gauche, carreau et cœur.

Test n° 109 : 

La valeur du domino du haut, moins celle du domino situé juste en dessous donne la valeur du domino du bas.

Test n° 110 : 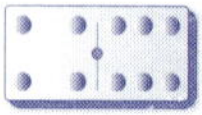

Les dominos se lisent dans le sens des aiguilles d'une montre en partant du bas. Les valeurs vont en ordre décroissant pour les premières moitiés de domino, et en ordre croissant pour les secondes.

Test n° 111 : 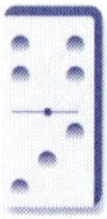

Chaque domino apparaît deux fois.

Test n° 112 : 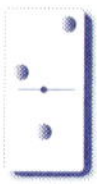

Deux séries décroissantes de demi-dominos, de gauche à droite.

Test n° 113 : 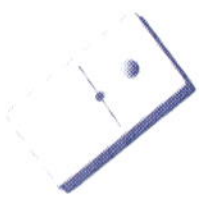

Les dominos se lisent dans le sens des aiguilles d'une montre, qui décroissent d'un point à chaque fois en haut et progressent en bas. On commence après le domino vierge.

Test n° 114 : 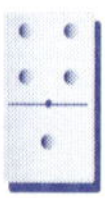

Les dominos forment 2 pyramides symétriques ; celle du bas est l'image en miroir de celle du haut.

Test n° 115 : 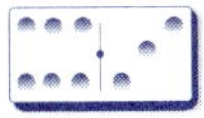

Les dominos se lisent comme deux carrés dont les côtés ont des valeurs qui progressent d'un point. En partant du carré de gauche on a depuis le haut en additionnant les valeurs par côté, 9, 10, 11, 12.

Test n° 116 : 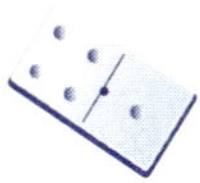

En additionnant chaque moitié de domino à la moitié correspondante du domino opposé, on obtient toujours 7.

Test n° 117 : 

On multiplie la valeur des premiers dominos moitié par moitié, par le dernier domino pour obtenir le total formé par les dominos du centre.
Soit 5 X 5 = 25 et 6 X 6 = 36.

Chapitre 3

Testez vos progrès

N° 1

Quelles lettres remplacent les **?**

BDCA	GIHF	EGFD	?HG?

N° 2

Quels chiffres remplacent les **?**

2	6	4	4
1	3	4	2

2	3	9	7
3	8	4	2

2	5	5	5
1	3	5	5

2	4	7	8
8	?	?	1

N° 3

Quelle figure, A, B, C ou D, doit logiquement remplacer le **?**

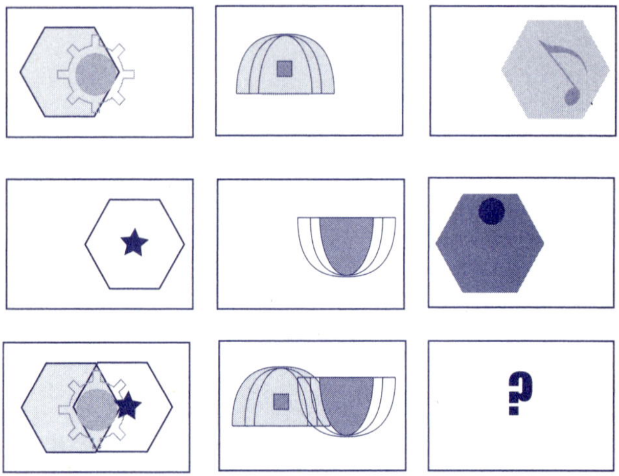

A

B

C

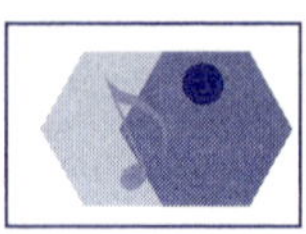

D

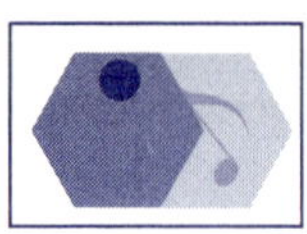

N° 4

Quelle figure, A, B, C ou D, est un extrait de la grande ?

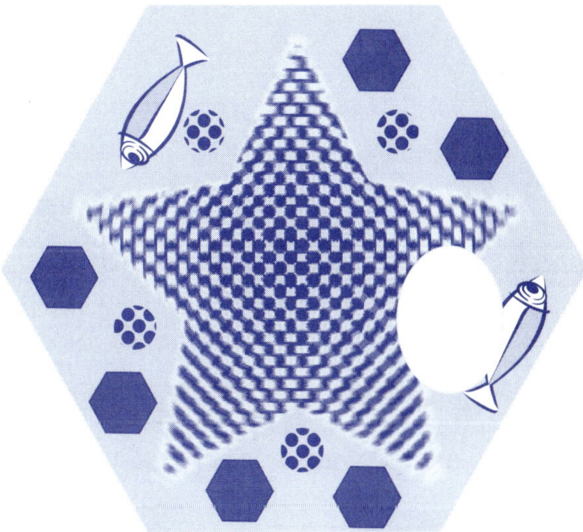

A 

B 

C 

D 

N° 5

Quelle figure, A, B, C ou D, doit continuer logiquement cette séquence ?

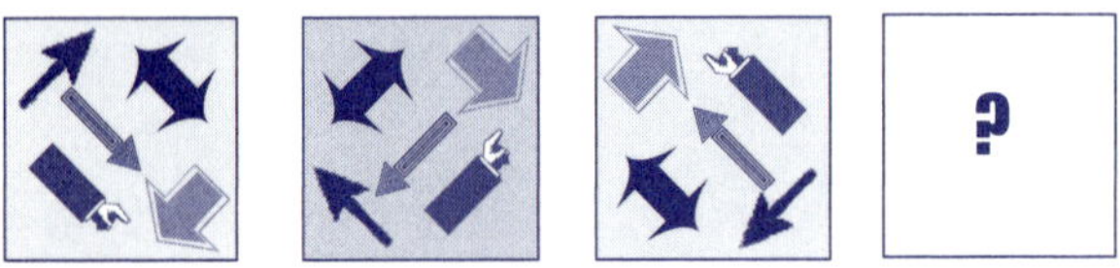

A  B  C  D 

N° 6

Quelles sont les deux figures identiques ?

A

B

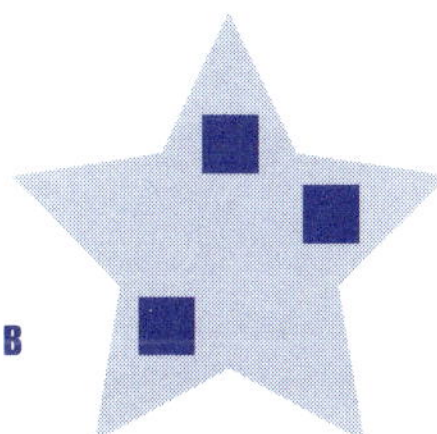

C

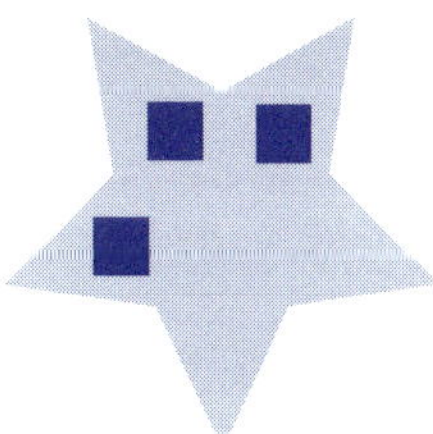

D

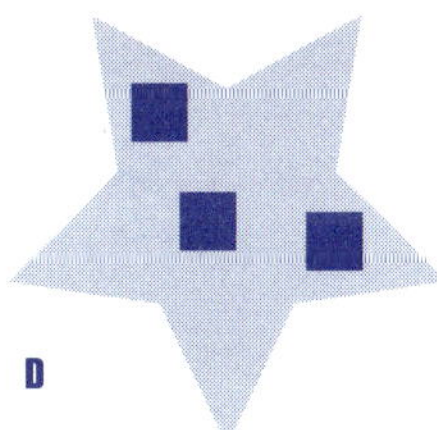

N° 7

Quel ensemble, A, B, C ou D, remplace les **?**

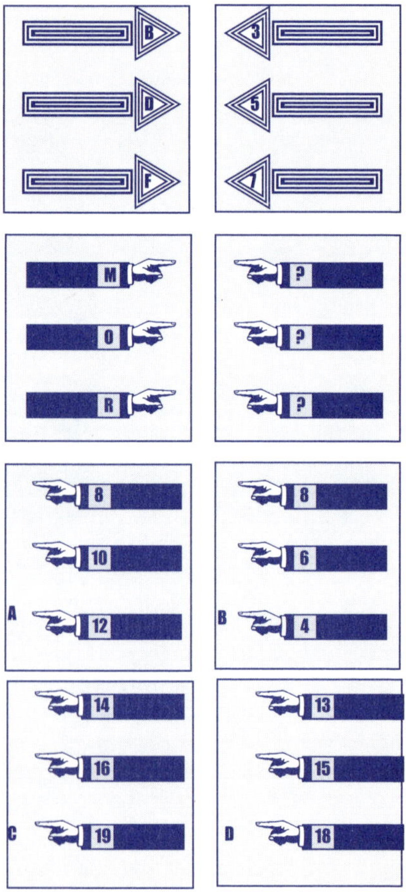

N° 8

Complétez la grille avec les 6 symboles de façon à ce que chacun n'apparaisse qu'une seule fois dans chaque rangée, chaque colonne et chaque rectangle de 6 cases.

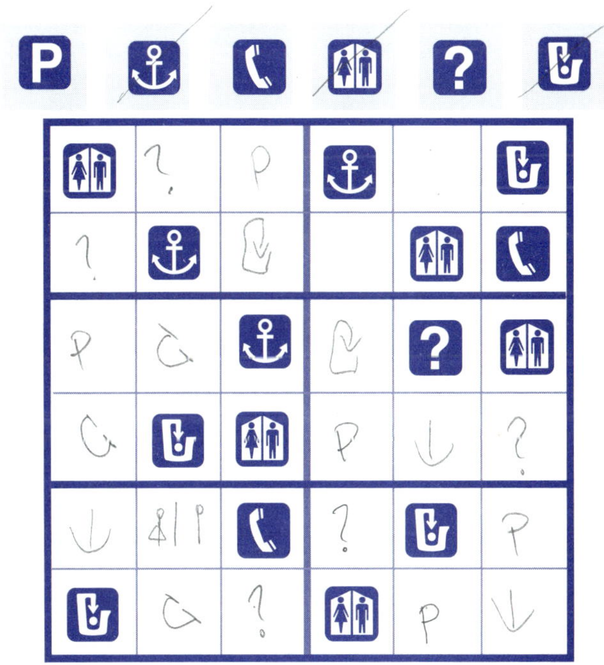

N° 9

Quelles lettres faut-il placer en bas de la grille sachant que les chiffres situés à l'extérieur de la grille représentent :
À GAUCHE le nombre de lettres qui, dans cette rangée, sont dans celles à trouver.
À DROITE le nombre de letttres qui, parmi celles-ci, se trouvent à leur bonne place dans les lettres à trouver ?

4	R	Y	O	A	X	0
1	M	T	Z	S	Y	1
4	M	R	O	X	A	3
3	O	S	Z	Y	A	3
2	S	M	T	A	Z	0

N° 10

Quelle figure A, B, C ou D, remplace le **?**

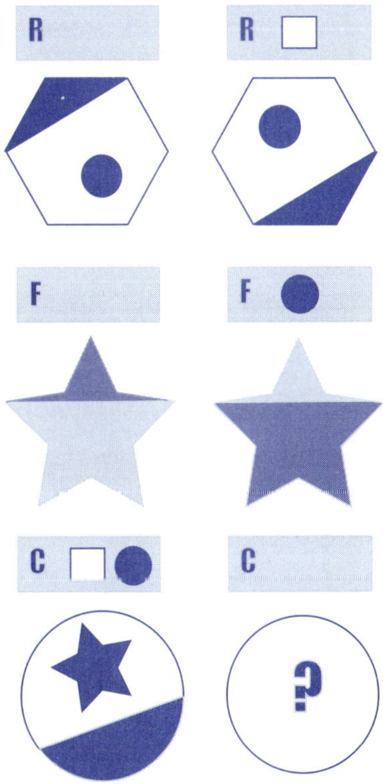

A B C D

N° 11

Déplacez le pion noir vers le nord d'une case, de 2 cases vers l'est, de 3 cases vers le sud, de 3 cases vers l'ouest, puis de 4 cases vers le nord et enfin de 4 vers l'est. Où se trouve votre pion ?

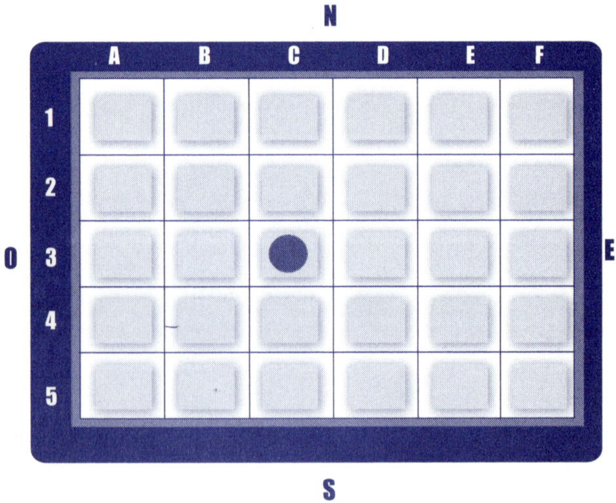

N° 12

Quelle carte doit logiquement remplacer la carte retournée ?

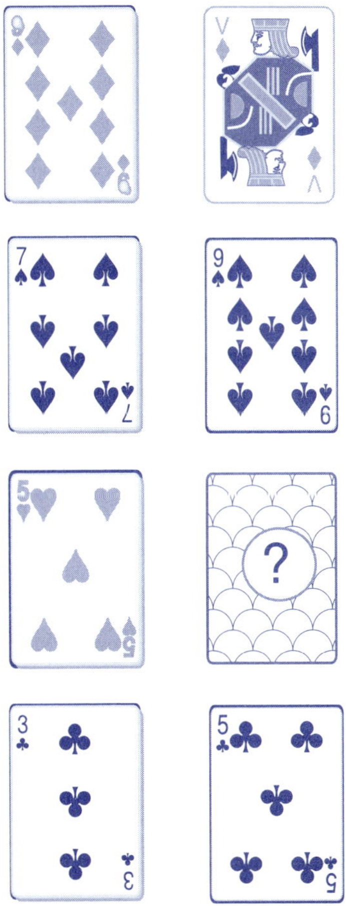

N° 13

Quel domino doit logiquement remplacer le domino vierge ?

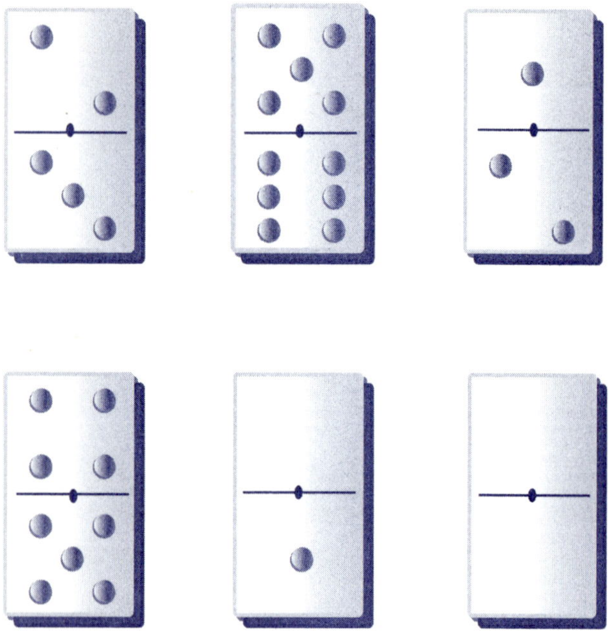

Solutions de Testez vos progrès

Test n° 1 : FHGE – suite alphabétique inversée et commençant à droite par les extérieurs puis par l'intérieur dans chaque rectangle, l'ordre alphabétique est : 2, 4, 3, 1.

Test n° 2 : 9 9 – dans chaque rangée, le produit des 2 chiffres intérieurs donne les 2 chiffres extérieurs.

Test n° 3 : D – dans chaque colonne, la figure de gauche chevauche celle du milieu pour former celle d'en bas. La partie de gauche est au-dessous de celle de droite.

Test n° 4 :

C

Test n° 5 : D – les figures tournent sur elles-mêmes de 90° dans le sens inverse des aiguilles d'une montre. Le fond change de couleur et la flèche du centre de sens à chaque fois.

Test n° 6 : A et D.

Test n° 7 : C – le nombre représente la place qu'occupe la lettre qui lui fait face dans l'alphabet plus 1.

Test n° 8 :

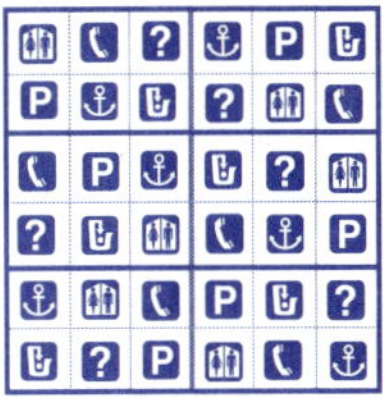

Test n° 9 : O R Z X A

Test n° 10 : C – □ figure inversée ; ● couleurs inversées.

Test n° 11 : F1.

Test n° 12 :

Les cartes décroissent de deux en deux en se lisant à partir du haut en redescendant. Dans chaque colonne et de haut en bas, la valeur des cartes décroît de 2 en 2 ; l'ordre des couleurs est : carreau, pique, cœur, trèfle.

Test n° 13 :

La lecture se fait par colonne. Les dominos forment une séquence qui commence au 2. Chaque colonne débute par le dernier chiffre de la précédente.

RÉSULTATS

Comptez 10 points par réponse exacte. Faites le total de vos points pour l'ensemble de « Testez vos progrès » et reportez-vous au tableau ci-contre.

De 10 à 50 points : NIVEAU FAIBLE

Vous n'avez pas été brillant dans certains secteurs, c'est évident. Si vous vous sentez plus à l'aise dans une catégorie que dans une autre, essayez d'optimiser votre score dans celle-ci, et entraînez-vous sérieusement là où vous êtes le plus faible afin de combler vos lacunes. Il faut vous améliorer sérieusement si vous voulez vous sentir à l'aise face à des tests de recrutement.

De 60 à 90 points : BON NIVEAU

Vous êtes maintenant dans la catégore des bons, vous semblez vous adapter aux entraînements, alors en insistant sur les tests les plus difficiles, vous pourrez vite monter chez les meilleurs. Efforcez-vous à bien travailler sur les mécanismes de tests, sur la compréhension des questions. Exercez-vous surtout là où vous vous sentez le plus fragile, prenez bien note de vos points faibles pour vous améliorer rapidement. Si vous devez vous présenter prochainement à des tests psychotechniques, refaites régulièrement ces tests.

Plus de 90 points : TRÈS BON NIVEAU

Bravo ! Vous avez réussi ces tests qui couvraient une grande diversité de questions. Vous pourrez rester à ce niveau, voire vous améliorer, si vous pratiquez régulièrement ce type de tests d'entraînement.Vous pouvez les refaire à intervalles espacés. Exercez-vous surtout là où vous n'êtes pas totalement sûr de vous, vous aurez ainsi de bonnes chances de vous assurer un bon classement et de vous sentir en terrain de connaissance lors d'un test psychotechnique.

Conclusion

Vous avez effectué une grande diversité des tests que vous êtes susceptible de rencontrer sur votre parcours de recherche d'un emploi, ou universitaire. Quels que soient les résultats que vous avez obtenus pour chaque test, ils vous donnent une indication sur votre aptitude ou non à « réussir » dans votre quête d'un emploi ou d'une promotion, et vous aident à vous présenter devant un recruteur de façon plus décontractée. Il est utile de les refaire régulièrement, mais de façon espacée. N'hésitez pas à laisser quelques semaines entre chaque entraînement. N'oubliez pas non plus de vous préparer physiquement et psychologiquement aux examens que vous allez passer. Nous vous donnons ici quelques conseils essentiels qui vous aideront, lorsque le moment sera venu. La veille de l'épreuve, relaxez-vous, ne révisez pas, cela ne sert à rien. Ne vous couchez pas trop tard. Évitez de boire de l'alcool et d'avoir une alimentation trop riche. Le jour du test, soyez optimiste, considérez que vous êtes prêt à faire face à ce que vous pensiez être le pire. Ne vous dopez pas, cela n'aurait pas l'effet désiré, et ne prenez de tranquillisants, vous risquez de perdre une partie de vos capacités. Vous serez certes calme, vous ferez probablement moins d'erreurs dues à la nervosité, mais il est prouvé qu'une certaine excitation nerveuse est souvent salutaire. Mieux vaut donc appréhender les tests en ayant l'assurance d'en savoir plus que la plupart des autres candidats. En effet, les avantages à se présenter devant un recruteur avec une expérience telle que la vôtre sont considérables : réduction ou absence de stress, meilleure gestion des temps impartis ; décontraction due à une certaine familiarisation aux différents types de questions ; approche plus positive à l'égard des tests ; meilleure capacité d'analyse et de détection des pièges utilisés dans les tests.

Si après les tests de contrôle proposés dans ce livre, vous êtes situé dans la catégorie des bons ou très bons niveaux, vous pouvez vous dire que vous disposez de beaucoup d'atouts pour réussir. Il ne vous reste qu'à avoir un minimum de chance, car cette dernière joue malgré tout un rôle non négligeable dans tout succès.

PAPIER À BASE DE FIBRES CERTIFIÉES

Le Livre de Poche s'engage pour l'environnement en réduisant l'empreinte carbone de ses livres. Celle de cet exemplaire est de :
350 g éq. CO_2
Rendez-vous sur www.livredepoche-durable.fr

Composition réalisée par Nord Compo

Achevé d'imprimer en septembre 2012, en France sur Presse Offset par
Maury-Imprimeur - 45330 Malesherbes
N° d'imprimeur : 175667
Dépôt légal 1re publication : novembre 2008
Edition 04 - septembre 2012
LIBRAIRIE GÉNÉRALE FRANÇAISE - 31, rue de Fleurus - 75278 Paris Cedex 06

30/8499/3